INDIE TRAVEL GUIDE
CITY LONDON

Manuel Schreiner, geboren 1973 in Lich, ist als Sozialpädagoge und freier Musik-Redakteur tätig. Er hat zudem als Radiomoderator und Indie-DJ gearbeitet.
Im Herbst 2006 erschien beim Rockbuch-Verlag sein erstes Buch mit dem Titel *Skizzenbuch Unterwegs*.

Mirjam Kolb, geboren 1981 in Dieburg, absolvierte nach ihrem 2000er-Abi eine Ausbildung als Groß- und Außenhandelskauffrau. Seit 2003 ist sie als freie Musik-Journalistin tätig. Sie assistierte beim Buchprojekt *Skizzenbuch Unterwegs*.

Beide leben in der Nähe von Frankfurt am Main.

Bei Edel/Rockbuch erschienen ebenfalls ihre gemeinsamen Bücher *Indie Travel Guide – UK & Europa* und *Indie Travel Guide – Amerika & mehr*.

Mehr unter: www.myspace.com/indietravelguidebook und www.myspace.com/skizzenbuchunterwegs

INDIE TRAVEL GUIDE
CITY LONDON

mit exklusiven Fotos und Zeichnungen

gesammelt und herausgegeben
von Mirjam Kolb und Manuel Schreiner

EDEL : ROCKBUCH

1. Auflage

www.edel.de

Die Inhalte dieses Werks wurden mit äußerster Sorgfalt recherchiert und geprüft. Wir weisen jedoch darauf hin, dass diese Angaben größtenteils die Ansicht der einzelnen Musiker widerspiegeln, häufig Veränderungen unterworfen sind und inhaltliche Fehler oder Auslassungen nicht völlig auszuschließen sind. Hierfür können die Autoren, der Verlag und seine Mitarbeiter keinerlei Verpflichtung und Haftung übernehmen.

Pressebilder mit freundlicher Genehmigung von Cargo Records, Cooperative Music, EMI Music, One Little Indian, Rough Trade Records, Sony Music, Universal Music, Warner Music und Weekender Records.

Einbandgestaltung: Elena Schneider, Radau Gestaltung
Umschlagfotografie: Jens Oellermann
Idee und Konzept: Manuel Schreiner, Mirjam Kolb, Hanspeter Haeseler
Layout: Schreiber Mediendesign, Schlüchtern
Übersetzung, Texter aller weiteren Texte:
Manuel Schreiner, Mirjam Kolb, Florian Lamp
Projektkoordination: Constanze Gölz

ISBN 978-3-941376-03-8
Printed in Germany

INHALT

VORWORT

»London Calling«

London – die Stadt, die ruft, swingt, rockt ... Schon immer war die Hauptstadt des Vereinigten Königreichs eine schillernde Metropole und Trendsetter in Sachen Mode, Lifestyle, Kunst, Schauspiel und vor allem Musik. Da wundert es uns auch nicht, dass in London schon früh musikalisch beeinflusste Jugendszenen entstanden. Gehen wir einmal zurück in die 50er-Jahre: Damals hörte die rebellische Jugend den wilden Rock 'n' Roll, der aus den USA nach Europa herüberschwappte und von der älteren Generation gerne als »Hottentottenmusik« bezeichnet wurde. Die sogenannten Teddy Boys (Teds) waren Anhänger dieser Bewegung und auch die Halbstarken wie James Dean orientierten sich am Rock-'n'-Roll-Image.

Wenn ihr an die 60er denkt, kommen euch in Verbindung mit London bestimmt folgende, prägende Schlagwörter in den Sinn: Swinging London, Minirock, Twiggy, Mods, Motorroller, Northern Soul. Das Leben spielte sich zu dieser Zeit in der Carnaby Street und auf der King's Road ab. Der Stadt entsprungene Bands wie The Who, The Kinks und die Small Faces waren wegweisend für die gesamte Epoche. Schon Mitte der 60er-Jahre kam die Flower-Power-Bewegung auf. Die Hippies waren damals vielfältig musikalisch orientiert und beeinflussten auch die britische Modeszene mit bunt gemusterten Klamotten, Schlaghosen, Nickelbrillen und langen Walle-Mähnen. Während die Hippies immer recht friedfertig unterwegs waren, formierte sich im Londoner East End eine Szene, die etablierte Mode und Musiktrends verabscheute, aber dafür mächtig auf Krawall aus war: die Skinheads. Noch heute sieht man sie oft bei Fußballspielen in englischen Stadien grölen und randalieren.

Die 70er waren in der Capital musikalisch vor allem durch die neue Musikrichtung Glam mit verrückt-schillernden Künstlern wie T. Rex, David Bowie und Gary Glitter geprägt. Selbst Rockformationen wie Queen und Pop-Ikone Elton John kamen nicht am Trend vorbei, hautenge Overalls mit Paillettenbesatz zu tragen. Da ging es beim Punk durchaus unglamouröser zu, wenn Anarchohelden wie die heimischen Sex Pistols oder Adam Ant zur Revolution aufriefen. Selbst die Queen war zu dieser Zeit »not amused« und verbot Auftritte der Sex Pistols. Aber die Revoluzzer ließen sich nicht aufhalten. Auch die Londoner Band The Clash fand in dieser Zeit ein breites Publikum und wird heute noch gerne als Referenz von Indiebands genannt.

In den späten 70ern und frühen 80ern formierte sich die New-Wave-Bewegung, die in der britischen Hauptstadt dann eine Subkultur hervorbrachte, die Gewalt und Drogen völlig ablehnte: die New Romantics. Heimische Bands wie Spandau Ballet, Culture Club um Boy George und Ultravox brachten die Musik nach vorne und beeinflussten den Pop dieses Jahrzehnts gewaltig. Aber auch andere Kinder der Stadt wie Kim Wilde, Pet Shop Boys, Billy Idol und George Michael gingen damals an keinem spurlos vorüber. Die Musik war mit Keyboards und Synthies mehr und mehr elektronisch beeinflusst.

Aus der in Großbritannien entstandenen Rave-, Acid-House-, Madchester- und Shoegazer-Szene etablierte sich dann in den frühen 90er-Jahren der Britpop, der von den Londoner Heroen Blur und ihren aus Manchester stammenden Gegenspielern Oasis angeführt wurde. Camden Town boomte zu dieser Zeit, Bands machten die Pubs der Stadt unsicher und Fans der Szene pilgerten in den Norden Londons, um Platten zu kaufen und ihren Idolen nachzueifern. Die Music-Weeklys *Melody Maker* und *NME* wurden zum Sprachrohr der Generation. Was diese Blätter schrieben, war damals Gesetz. Heute entspringen immer wieder neue musikalische Ideen in London und die Vielfalt an Indie/Rock/Alternative/Pop/Folk/Elektrobands und -künstlern war nie größer.

Und warum entführen wir euch in all diese Epochen? Eigentlich nur, um euch einmal mehr klarzumachen, dass London schon immer am Puls der Zeit ganz weit vorne lag und sogar europaweit die einflussreichste aller Metropolen war, ist und wahrscheinlich auch bleiben wird. Berlin befindet sich zwar auf der Überholspur, aber bei der Vielfalt und dem Einflussreichtum muss es sich noch etwas ranhalten. Oder kennt ihr ein vergleichbares Kind der Stadt, das tagtäglich Schlagzeilen macht wie etwa Amy Winehouse oder Peter Doherty? Zudem punktet London mit tollen Ladenöffnungszeiten (auch sonntags könnt ihr shoppen), einem vielfältigeren Nachtleben, mehr Multikulti, freiem Eintritt in den großen Museen und einem besseren und günstigeren Nahverkehrsnetz. Es hat natürlich auch seine Negativseiten: hohe Mieten, Menschenmengen, die sich zur Rushhour durch die engen U-Bahn-Schächte schieben, und Pubs, die früh schließen. So könnten wir das Spielchen noch ewig weiterführen. Entscheidet am besten selbst, was ihr von London haltet und welche Platzierung es beim Städtecontest einnimmt. Beim Entdecken der Metropole helfen wir und vor allem die ortsansässigen Bands euch mit diesem Buch gerne weiter. Viel Spaß dabei. Go Indie Travelling!

Eure Indie Travel Guides, Mirjam & Manuel

LONDON

Enfield
Barnet
Harrow
Haringey
Waltham Forest
Redbridge
Havering
Hillingdon
Brent
Camden
Islington
Hackney
Barking & Dagenham
Newham
Tower Hamlets
City of London
City of Westminster
Ealing
Kensington & Chelsea
Hammersmith & Fulham
Hounslow
Southwark
Lambeth
Greenwich
Bexley
Wandsworth
Richmond
Lewisham
Merton
Kingston
Sutton
Croydon
Bromley

The Feeling → S. 21 | Dan Gillespie Sells: »Ich habe mein ganzes Leben in London verbracht, immer in anderen Stadtteilen, weswegen ich die Stadt ziemlich gut kenne. Ich liebe die ganze Stadt!«

Official Secrets Act → S. 58, 83 | Alex MacKenzie: »**Stockwell** ist ein fantastisches Viertel.« Lawrence: »Ich bin in **Richmond** und **Twickenham** aufgewachsen. Die Ortschaften sind sehr idyllisch und grün.«

Ghosts → S. 13 | Simon Pettigrew: »London ist 24 Stunden wach, sieben Tage die Woche. Ich wohne hier schon seit Jahren, hab aber nicht mal die Hälfte von dem gesehen, was ich mir anschauen wollte.«

Red Light Company → S. 38 | James Griffiths: »Paul und ich teilen uns eine Wohnung in **Camden**.« Paul Mellon: »In Camden geht immer was ab. Da laufen Gestalten rum wie Cyber-Goths, Irokesen und so ...«

The Boxer Rebellion → S. 27 | Adam Harrison: »Wir wohnen in **Wanstead**, wo es wirklich sehr schön ist, sozusagen ein Juwel inmitten einer ganzen Menge Müll. In Wanstead geht zwar auch nicht gerade die Post ab, aber die Gegend ist sehr nett – ein grünes Dorf mit Metzgern und Bäckereien.«

Fink → S. 32 | Finian Greenall: »Ich habe acht Jahre lang im Stadtteil **Hampstead** gelebt. Diese Gegend ist ansprechend und wunderschön. Ich habe sehr gerne dort gewohnt.«

The Rifles → S. 94, 118 | Luke Crowther: »London ist unsere Stadt!« Joel Stoker: »**Chingford** ist der Stadtteil, in dem wir wohnen – direkt neben **Walthamstow** im Osten der Stadt.«

Travis → S. 70 | Douglas Payne: »Ich wohne zwischen den Stadtteilen **Hampstead** und **Notting Hill** im Nordwesten Londons. Die Gegend ist sehr nett – so als ob man irgendwo in einem kleinen Ort leben würde.«

White Lies → S. 77 | Jack Brown: »**Ealing** ist eher vorstädtisch und es passiert nicht viel. Aber man hat guten Anschluss an **Shepherd's Bush** und **Notting Hill**, wo es viele Ausgehmöglichkeiten gibt.«

Duke Spirit → S. 45, S. 88 | Toby Butler: »Hier in London-**Holloway** fühle ich mich das erste Mal in meinem Leben zu Hause.« Daniel Higgins: »**Bethnal Green** ist richtig altes London.«

The Bishops → S. 50 | Michael Bishop: »London ist was Besonderes. Die internationalste Stadt ganz Englands. London ist riesig, ständig bist du auf Achse, in einem Club, auf einem Konzert, bei Freunden. Irgendwo ist immer was Neues, Aufregendes los.« Peter Bishop: »Wenn du irgendwas ganz Spezielles magst, dann findest du genau das hier in der Stadt!«

Good Shoes → S. 64 | Joel Cox: »Ihr glaubt wahrscheinlich, ihr kennt London in- und auswendig, aber die Ecken, die ich euch empfehle, findet ihr bestimmt in keinem Guide.«

● **The Rakes** → S. 97 |
Alan Donohoe: »**Camden** ist ein ziemlich cooler Stadtteil mit einem tollen Nachtleben! Hier gibt es aber auch viel Grün, beispielsweise den Regent's Park, Primrose Hill und die Hampstead Heath.«

● **Babyshambles / Roses Kings Castles** → S. 122 |
Adam Ficek: »Ich könnte niemals im Auge des Hurrikans existieren, will aber nah genug am pulsierenden Teil Londons wohnen. Ich kann mich nie wirklich entscheiden, ob ich nun lieber einen Baum oder ein Hochhaus sehen möchte, wenn ich nach draußen gehe. Deshalb habe ich mich für die Mitte zwischen beiden Extremen entschieden und wohne derzeit in **Barnet**.«

● **Metronomy** → S. 108 |
Joseph Mount: »Vor 5 bis 10 Jahren wohnten die ganzen Künstler in **Shoreditch**. Die Mieten schnellten in die Höhe und eine ganze Menge Leute verschlug es deshalb nach **Hackney** und **Dalston**.«

● **Hatcham Social** → S. 115 |
Tobias Josef Kidd: »Derzeit leben wir hauptsächlich in und um **Hackney**, obwohl wir alle auch schon längere Zeit im Süden und Norden der Stadt gewohnt haben. Wenn du Tiere magst, dann ist die Hackney City Farm einen Besuch wert.«

● **Bloc Party** → S. 101 |
Gordon Moakes: »Ich lebe nun seit etwa drei Jahren in **Stoke Newington**. Im Vergleich zum aufbrausenden London-City gehen es die Leute hier gemütlicher an.«

24 Stunden in London von Simon Pettigrew, Robbie Smith, Johnny Harris [Ghosts]

Johnny: »Ich bin in London geboren und aufgewachsen. Die Stadt hat all das, was ich brauche und nirgendwo ist es schöner als hier.«

Robbie: »London ist eine Wucht. Kein Mensch ist in der Lage, sich hier richtig gut auszukennen. Du brauchst Monate, um nur ein kleineres Gebiet genauer kennenzulernen, und dann ist immer noch so viel Stadt übrig. Wer London in- und auswendig kennen möchte, müsste sein ganzes Leben hier verbringen. Ständig stehst du hier unter Strom. Um unsere Platte aufzunehmen, mussten wir einfach weg aus London, weil wir sonst zu gar nichts gekommen wären. Hier hätte es viel zu viel Ablenkung und vor allem viel zu viele Pubs gegeben.«

Simon: »An London gefällt mir, dass es eine 24-Stunden-Stadt ist. Zu jeder Stunde passiert irgendwo etwas Neues, Aufregendes. Unglaublich, diese Stadt. Richtig angenehm ist, dass man zu jeder Tages- und Nachtzeit was zu essen und zu trinken bekommt. Ich kann mir nicht mehr vorstellen, außerhalb Londons zu wohnen.«

SEHENSWÜRDIGKEIT

Robbie: Ich liebe den **Blick von der Spitze des Primrose Hill**. Primrose Hill ist eine ziemlich feine Gegend. Ich glaube, dort ist die höchste natürliche Erhebung Londons. Ihr könnt über die ganze Stadt blicken, die Themse sehen, wie sie durch die Stadt fließt und an den Docks vorbei. Schon tagsüber ist der Anblick atemberaubend, aber nachts ist es noch einmal besser. Ich war letztes Jahr zu Silvester da und habe mir das Feuerwerk über der Themse angeschaut. Ich hatte richtig Gänsehaut, so spektakulär war der Abend.

▷ Primrose Hill | Karte S. 92-93, C6

Johnny: Der **Trellick Tower**. Den findet ihr im Westbourne Park in Notting Hill. Sieht aus wie ein Turm aus einem Science-Fiction-Film –

Links: © M. Kolb / M. Schreiner. Rechts: © Harry Louis

Londoner Aussichten: Links vom Primrose Hill und rechts der Trellick Tower.

ein typisches Bauwerk der 60er- und 70er-Jahre. Du siehst ihn fast von überallher und der *NME* feiert dort ständig Partys. So haben sich die Leute im Swinging London der 60er die Zukunft vorgestellt.

▷ 5 Golborne Road | Karte S. 76, C2

Simon: Die beste Aussicht auf London hast du, wenn du vom Parlament und Big Ben über die **Westminster Bridge** auf die andere Seite rübergehst. Du siehst ganz London und die Themse. Am tollsten ist es, wenn du dich in ein typisches Londoner Taxi setzt, im Sonnenuntergang über die Brücke fahren lässt und dabei die Aussicht genießt.

▷ Westminster Bridge | Karte S. 36-37, H2

GALERIE/MUSEUM

Simon: **Tate Modern** – jeder, der sich für Kunst interessiert – und auch Banausen wie ich, die sich nichts aus Öl auf Leinwand machen – findet dort Sachen, die ihm Spaß machen. Ich denke da beispielsweise an das Klavier, das an der Decke hängt und immer wieder irgendwelche Laute ausspuckt, die klingen, als werde es gerade in Einzelteile zerhackt. Keine Ahnung, was sich der Künstler dabei gedacht hat. Vielleicht Sonntagskunst für Kinder!

Robbie: Tate Modern ist wirklich toll. Ich habe den großen Pool unten im Museum am liebsten, in dem wechselnde Installationen zu bestaunen sind. Auch die Gegend um das Museum ist sehr schön. Ein perfekter Ort für alle, die sich für Film, Musik oder Kunst interessieren.

▷ Bankside; www.tate.org.uk | Karte S. 62-63, D2

DER GEIST VON POLANSKI

Noch eine ehemalige Schulband. Schon 2003 standen Ghosts, damals noch »Polanski«, vor dem großen Durchbruch, galten sie doch neben Keane als die kommende Band. Irgendwie lief dann aber nicht alles so wie geplant, die vier kehrten in ihre Jobs zurück, studierten zu Ende. Aber nicht für lange, denn 2007 gelingt ihnen das, was sie als Polanski nicht geschafft haben: der Durchbruch mit *The World is Outside*.

Mir gefällt auch das **Science Museum** besonders gut, weil dort eine Menge Dampfmaschinen und Raketen rumstehen.
▷ Exhibition Road, South Kensington; www.sciencemuseum.org.uk | Karte S. 36-37, B3

© Tim Wells

Science Museum.

Johnny: Die **Serpentine Gallery** kostet keinen Eintritt. Die stellen immer ziemlich verrückte, seltsame und skurrile Dinge aus. Schaut einfach mal rein, wenn ihr in der Nähe seid, die Galerie liegt direkt im Park beim Serpentine Lake gleich bei der Albert Hall.
▷ Kensington Gardens; www.serpentinegallery.org | Karte S. 36-37, B1

KNEIPE/BAR

Simon: **The Eagle** ist der Pub, der unserem Aufnahmestudio am nächsten liegt. Er hat einen wunderschönen Biergarten und das Personal ist auch superfreundlich. Weil wir die wichtigen Leute dort kennen, dürfen wir immer bis drei Uhr nachts trinken. Wir haben die ganze Fußball-Weltmeisterschaft 2006 im Eagle verbracht. Auf jeden Tisch hatten sie kleine 14"-Fernseher gestellt und da saßen dann alle Leute und haben Fußball geguckt, es wurde gegrillt ... und wir haben jedes Spiel, das es zu sehen gab, im Eagle angeschaut und gechillt.
▷ 159 Farringdon Road | Karte S. 24-25, H3

Robbie: Für mich: Das **Bavarian Beerhouse** an der City Road in der Nähe der Old Street bei unserem Studio. Mir hat jemand gesagt, das wäre die einzige echte deutsche Kneipe in der ganzen Stadt. Die Kneipe ist in einem Keller und es stehen dort eine Menge langer Biertische und -bänke herum. Das ganze sorgt für äußerst gute Kommunikation, weil jeder

© Bavarian Beerhouse

Fast wia dahoam.

neben jedem sitzt. Die Kellnerinnen tragen alle bayerische Tracht und das Bier gibt es in Maßkrügen. Mir ist schon klar, dass das alles ziemlich klischeehaft aufgemacht ist, aber was soll's? Wir haben da unseren Spaß und zu fortgeschrittener Stunde dröhnt dort immer richtig schlimmer Euro-Trance aus den Boxen, jeder steht mit dem Bier in der Hand auf, steigt auf die Bänke und tanzt.

▷ 190 City Road; www.bavarian-beerhouse.co.uk | Karte S. 48-49, B4

Johnny: **Torriano** ist der Pub, in dem wir Stammgäste waren, als wir unser erstes Album in Kentish Town aufgenommen haben, und der tollste Pub der Welt. Sie schließen erst sehr spät und ihr findet dort ausschließlich nette Menschen. Leider haben irgendwelche Immobilienmakler das Gebäude gekauft und jetzt zwingen sie die Pub-Besitzer, in spätestens zwei Jahren auszuziehen. Wir müssen unbedingt eine »Save the Torriano-Pub«-Medienkampagne starten. Ein ganz besonderer Ort für uns. ▷ 71-73 Torriano Avenue | Karte S. 92-93, F/G4

CLUB

Robbie: Wenn ihr in einen klassischen Indie-Club gehen wollt, dann müsst ihr ins **Underworld**. Verdreckt, schmuddelig und vollgepackt mit Indie-Kids und Indie-Musik.

▷ 174 Camden High Street; www.theunderworldcamden.co.uk | Karte S. 92-93, E6

Simon: Ich hatte bisher immer eine richtig geile Zeit in der **Fabric**. Normalerweise hasse ich es, in Clubs abzuhängen, weil man sich dort mit niemandem unterhalten kann und die Drinks sauteuer und fingerhutgroß sind. Bei der Fabric ist es aber anders. Jedes Mal, wenn du dort bist, denkst du, du seist Zeuge eines richtig großen Events. Sie haben vier verschiedene Räume; du kannst dir also erst mal Drum 'n' Bass anhören und wenn es dir langweilig wird, gehst du einen Raum

Links: © James Champion. Rechts: © Thilo Weimer

Ütze-ütze ... Umtz-umtz – The Fabric.

weiter zur Indie-Musik. Außerdem finden auch immer wieder Auftritte bekannter Bands statt. Ich habe dort schon Bloc Party gesehen. Erstaunlicherweise wird dir dort nie langweilig und noch erstaunlicher: Es gibt dort die Möglichkeit, sich zwischen den einzelnen Räumen oder auch in der Chill-out-Zone mit anderen Menschen zu unterhalten.

▷ 77a Charterhouse Street; www.fabriclondon.com | Karte S. 48-49, A5

RESTAURANT

Johnny: Ich esse für mein Leben gerne. Wenn ich in Camden hängen bleibe, gehe ich immer zu **Marathon Kebab**, einer denkwürdig guten Adresse. Der Kebab schmeckt immer ausgezeichnet, besonders, wenn ich richtig betrunken bin. Daniel, ein Franzose, spielt da immer Blues auf seiner Gitarre, während die ganze Nacht über Bier verkauft wird. Der mit Abstand coolste Kebab-Laden!

Robbie: Genau so ist es! Ich war schon oft bei Marathon Kebab – ich hab eine Zeit lang mal mit Johnny und seinen Eltern in einem runtergekommenen Haus in Primrose Hill, die Straße runter von Marathon, gewohnt. Der Kebab ist einmalig gut und im Hinterraum kannst du um zwei oder drei Uhr morgens noch gemütlich ein Bier trinken. Diesen französischen Gitarristen Daniel Jean-Renaud mag ich auch sehr.

Spiel mir das Lied vom Döner: Marathon Kebab.

Er zieht sich wie Elvis an und haut auf seiner 50er-Jahre-Gitarre rum. Ein unglaublich guter Gitarrist. Drei- oder viermal in der Woche spielt er dort für seine Miete. Er wohnt nämlich oben drüber und zahlt mit Auftritten, spielt dann Cover von klassischen Rock-'n'-Roll-Songs und solche Sachen. Manchmal hat er einen Schlagzeuger mit dabei und einmal durfte Johnny ihn sogar auf dem Schlagzeug begleiten. Marathon Kebab ist *der* Ort »in the wee hours of the night«.

▷ 87 Chalk Farm Road | Karte S. 92-93, D5

Simon: **Vingt-Quatre** heißt das Restaurant direkt auf der anderen Straßenseite meiner Wohnung. Es ist 365 Tage im Jahr 24 Stunden lang geöffnet. Wenn ich zum Beispiel irgendwann morgens um vier aus der Fabric stolpere, kann ich immer noch dort hingehen, mir was zu trinken, ein Club-Sandwich oder ein Steak bestellen. Das Vingt-Quatre hat einen Türsteher, was das Ganze beinahe zu so etwas wie einem Club macht. Mitten in der Nacht kann man sich da richtig toll den Bauch vollschlagen. Für mich ist es beruhigend zu wissen, dass es direkt gegenüber immer was zu essen und zu trinken gibt. Nicht, dass ich da ständig essen und trinken würde, aber es ist schön, die Sicherheit zu haben. Ich habe großes Glück, denn es kommt selten vor, dass ein Restaurant eine Schankerlaubnis für den ganzen Tag hat. ▷ 325 Fulham Road; www.vingtquatre.co.uk | Karte S. 36-37, A5

DER INDIE-GOURMET ROBBIE EMPFIEHLT:

Es sind bestimmt **100 Curry Houses** in der Brick Lane und den angrenzenden Straßen, der Heimat der in London lebenden Leute aus Bangladesch. Und das Größte überhaupt ist ihr Curry. Ihr könnt an der Tür sogar verhandeln, sagen, ihr kommt nur rein zum Essen, wenn alles ein Viertel billiger ist und ihr euer eigenes Bier mitbringen dürft, und der Wahnsinn ist, dass das überhaupt kein Problem ist und ihr reingelassen werdet. Ich esse am liebsten **Madras Curry**, das ist scharf, aber doch nicht zu scharf und lässt dich trotzdem ins Schwitzen kommen.

PLATTENLADEN

Simon: **Music and Video Exchange** – Als ich jünger war, habe ich dort ganze Tage meines Lebens verbracht, mittlerweile gehe ich nicht mehr so oft hin. Wenn da irgendetwas nur im Regal rumsteht, dann wird es nach und nach immer billiger. Deswegen kannst du dann einfach blind irgendwelche billigen Sachen kaufen, aber auch Raritäten zum Schnäppchenpreis kriegen. Die Auswahl bei denen ist auch ziemlich groß und wenn du deine Kula-Shaker-CDs loswerden willst, dann findest du bei Music and Video Exchange auch einen Abnehmer dafür.

▷ 208 Camden High Street; www.mveshops.co.uk | Karte S. 92-93, E6

Johnny: Ich hab nie Geld gehabt, mir Platten zu kaufen, weswegen ich mir immer die von Robbie oder anderen Freunden geklaut habe. Es gab hier eine ganze Menge guter Plattenläden, aber die haben alle dichtgemacht.
Robbie: Das meiste bestelle ich mir heute im Internet, ich gehe nur noch selten in Plattenläden. In die bin ich früher immer, wenn ich ganz ausgefallene Sachen gesucht habe. Damals als Teenager zur Hoch-Zeit des Britpop war ich oft in der Camden High Street in einem Indie-Plattenladen und habe nach den ersten Suede-Singles gesucht. Seitdem es den nicht mehr gibt, ist als einziger Indie-Laden nur noch **Rough Trade East** übrig geblieben.

▷ Old Truman Brewery, 91 Brick Lane; www.roughtrade.com | Karte S. 48-49, D5

INS WEB VIA MAC

Im Rough Trade East gibt es eine Ecke mit Macs. Hier kannst du kostenlos ins Internet gehen und nach den neuesten Bands Ausschau halten. Zudem liegen im Laden jede Menge kostenlose Magazine und Flyer mit Ausgehtipps herum.

© M. Kolb/M. Schreiner

KLAMOTTENLADEN

Simon: **Mulberry** – teuer, aber es gibt dort nun mal die besten Jacken. Mehr gibt es da nicht zu sagen. Ich bin Jackenfanatiker, alle anderen Klamotten interessieren mich nicht weiter.

▷ 41-42 New Bond Street; www.mulberry.com | Karte S. 24-25, D6

Robbie: **Reiss** – immer, wenn wir einen Videodreh haben, taucht ein freundlicher Mensch auf und bringt uns coole Klamotten zum Anziehen mit. Und die tollsten Kleidungsstücke sind immer von Reiss. Die haben ein paar Geschäfte über ganz London verteilt. All meine Lieblingssachen sind von dort. Irgendwie hat jeder Mensch doch so seine Lieblingsmarke, in deren Kleidung er sich wohlfühlt, wohingegen er in anderen Sachen unmöglich aussieht. Reiss ist meine Wohlfühlmarke.

▷ 116 Long Acre; www.reiss.co.uk | Karte S. 24-25, F6

SCHUHGESCHÄFT

Simon: In den letzten drei oder vier Jahren habe ich meine Schuhe fast ausschließlich bei **ZARA** gekauft. Die sind billig zusammengekleistert und fallen nach sechs Monaten auseinander. Ich hasse 90 Prozent der Schuhe dort, aber die haben auch zwei Paar Schuhe, die ich wirklich gerne habe und die es immer noch gibt, wenn ich nach sechs Monaten wieder im Geschäft vorbeischaue. Mittlerweile bin ich dazu übergegangen, immer gleich zwei Paar zu kaufen. Die Schuhe sind billig und kosten nur 20 Pfund. In anderen Schuhgeschäften finde ich nie irgendwas, was mir passt. ▷ 215-219 Oxford Street; www.zara.com | Karte S. 24-25, D5

Johnny: **Shmooze** ist in Stoke-Newington und gehört meinem Freund Guy. Ein kleines feines Geschäft mit Schuhen bis unter die Decke.
▷ 153 Stoke Newington Church Street | Karte S. 106-107, C3

BESONDERHEITEN

Johnny: Auf dem Camden Market gibt es einen echt verrückten Laden, **The Party Headquarters**. Dort könnt ihr Masken, Kostüme und auch extrem teure, aber echt hochwertige Anziehsachen kaufen. Die haben ziemlich skurrile Klamotten da, die teilweise mehr als 1.000 Pfund kosten, und fette Spinnen hängen von der Decke. Ich könnte mich da jedes Mal stundenlang drin herumtreiben und allen möglichen Kram einkaufen. ▷ The Stables Market, Chalk Farm Road | Karte S. 92-93, D6

Simon: **KOKO** – Ein Theater alter Schule mit toller PA-Anlage. Die Zuschauerränge sind vierstöckig und wenn du dir da eine Band anschaust, dann denkst du, du schwebst direkt über dieser Band. KOKO ist der beste Ort, um Livemusik zu erleben, und hat Platz für ungefähr 1 500 Leute. Richtig große Bands spielen dort immer mehrere Nächte hintereinander, um all ihre Fans glücklich zu machen. Mir gefällt es besonders, wenn die Großen vor kleinem Publikum auftreten.
▷ 1a Camden High Street; www.koko.uk.com | Karte S. 92-93, E6

© Koko

Old School: KOKO.

Wo Jack the Ripper arbeitete
von Dan Gillespie Sells
[Sänger von The Feeling]

»Ich habe mein ganzes Leben in London verbracht, immer in anderen Stadtteilen, weswegen ich die Stadt ziemlich gut kenne. Weil ich jetzt in Ost-London wohne, wollte ich mich eigentlich auf diesen Kiez konzentrieren, aber das lasse ich sein, denn ich liebe nun mal die ganze Stadt.«

SEHENSWÜRDIGKEIT

St. Paul's Cathedral – Ich bin architekturbegeistert und die St. Paul's Cathedral ist nun mal ein beeindruckendes Bauwerk, besonders wenn du drin stehst, fällt das auf. Ich mag solche von Religion geprägten Gebäude, bin aber selber kein bisschen religiös. Keine Ahnung, warum das so ist, vielleicht liegt es daran, dass ich aus einer Großstadt komme und nicht aus einem kleinen Dorf. Die St. Paul's Cathedral hat mein persönlicher Lieblingsarchitekt, der geschätzte Christopher Wren, erbauen lassen. Für mich ist er der großartigste britische Architekt, er hat fast ganz London wieder aufgebaut. Wenn jemand in der Kathedrale ein Konzert gibt, ein Chor singt und die Orgel ertönt, dann wird alles dort nur noch erhebender. Ich liebe es, mir dort Choräle anzuhören.

▷ 2 New Change; www.stpauls.co.uk | Karte S. 48-49, B6

UND NOCH EINMAL MIT THE FEELING

Laut Plattenkritiker Jan Wigger machen The Feeling gute Musik, allerdings nicht für »Alleinstehende und Zyniker«. Aber haben denn ELO, Queen, die Carpenters, Jellyfish und die Beach Boys Musik für die oben genannte Zielgruppe gemacht? In Großbritannien jedenfalls waren The Feeling 2006 die im Radio meistgespielte Band des Jahres. Alle fünf Minuten lief einer ihrer Songs.

GALERIE

National Portrait Gallery ist die Galerie, die ich am meisten mag. Porträts strahlen etwas besonderes aus. Du blickst sozusagen zurück in die Geschichte, siehst die ganzen Menschen, wie sie angezogen waren, wie sie aussahen, wie sie gesehen werden mochten ... aus den letzten 1000 Jahren. In der National

Portrait Gallery ist alles brillant zusammengestellt und ziemlich clever präsentiert. ▷ 2 St. Martin's Place; www.npg.org.uk | Karte S. 24-25, F6

KNEIPE/BAR

The Ten Bells heißt mein Lieblingspub und gehört nebenbei einem guten Freund. Dieser Pub ist wirklich einmalig und hat dazu noch eine große Historie. Jack the Ripper, der eine Menge Menschen, hauptsächlich Prostituierte, auf dem Gewissen hat, »arbeitete« in der Gegend im alten East End, in der ein Strich war. Jetzt ist hier in der Ecke alles etwas feiner geworden, aber zwischen 3 und 4 Uhr morgens stehen hier immer noch Prostituierte rum. In The Ten Bells sind wir sehr oft und ich wette, Jack The Ripper war bestimmt auch oft hier drin und hat sich seine Opfer ausgesucht. Allerdings bestimmt nicht beim Pubquiz, das hier jeden ersten Montagabend des Monats stattfindet. Der Pub ist einfach, aber gemütlich eingerichtet, weswegen eigentlich immer volles Haus ist. Es ist hier sehr düster drin, auch wegen der alten Möbel. Das Hausbier ist Guinness, weil der Wirt Ire ist.
▷ 84 Commercial Street | Karte S. 48-49, D5

CLUB

Rebel Rebel (jeden ersten Samstag des Monats), benannt nach einem Plattenladen in New York, in dem ausschließlich Platten von David Bowie verkauft werden. Das ganze findet in **The Phoenix** statt, einem typischen Pub an einer Straßenecke, aber unten im Keller, da spielt die Musik. Der Platz ist sehr begrenzt, weswegen es sich empfiehlt, recht früh dort zu sein, um nicht ewig in der Warteschlange

© Rebel Rebel

Ein bisschen New York: »Rebel Rebel« im The Phoenix.

zu stehen. Rebel Rebel ist ein richtiger Rock-'n'-Roll-Club, der auch ab und an mal Pop spielt, normalerweise läuft ein Mix aus Indie und klassischen Poprocksongs. Im Club triffst du hauptsächlich junge Leute. Die Stimmung ist immer gut und friedlich. Man hat dort das Gefühl, dass jeder jeden kennt und sich alle freuen, dass gerade du hier bist – und deshalb mag ich es dort so.

▷ 37 Cavendish Square; www.myspace.com/clubrebelrebel | Karte S. 24-25, D5

PLATTENLADEN

Fopp ist ein tolles Geschäft. Ich sammle Platten aus Charityshops, aber das ist eine ganz andere Sache, weil das ja keine reinen Plattenläden sind. Meine alten Scheiben kaufe ich normalerweise nie im Plattenladen, sondern auf Sammlerbörsen. Wenn du dir neue DVDs und CDs besorgen willst, ist Fopp der richtige Laden. Der ist außerdem viel billiger als alle Megastores. ▷ 1 Earlham Street; www.fopp.com | Karte S. 24-25, F6

RESTAURANT

Salt Yard ist eine verdammt gute Tapasbar. Das Salt Yard eignet sich für verschiedene Anlässe, vom romantischen Rendezvous bis zum Essen mit Freunden.

▷ 54 Goodge Street; www.saltyard.co.uk | Karte S. 24-25, E4

© Salt Yard

Die Bar für alle Fälle: Salt Yard.

KLAMOTTENLADEN

In Whitechapel gibt es einen **Oxfam** – ich kaufe eigentlich nirgendwo sonst meine Klamotten. Naja, ab und zu auch mal ein Unterhemd bei Marks & Spencer. Der Großteil meiner Sachen stammt allerdings aus Vintageläden, die ich auf Tour entdeckt habe.

▷ Hackney Road; www.oxfam.org.uk | Karte S. 48-49, D3

A
B
C
D
1
2
3
4
5
6
Babyshambles / Roses Kings Castles
Bloc Party
Fink
Ghosts
Good Shoes
Hatcham Social
Metronomy
Official Secrets Act
Red Light Company
The Bishops
The Boxer Rebellion
The Duke Spirit
The Feeling
The Rifles
Travis
White Lies
Prince Albert Road
Oval Road
Dublin Castle
94 Parkway
The Spread Ea
141 Albert Stre
Albany Street
Regent's Park
London Zoo
Park Road
North Marylebone
Alfie's Antiques
13-25 Church St.
The Hobgoblin
21 Balcombe St.
The Sea Shell
49-51 Lisson Grove
Marylebone Road
Baker Street
← Anschluss: Seite 76
York St.
University of Westminster
Portland Pt.
54
West End
Marylebone
The Phoenix
37 Cavendish Squa
Wigmore Street
Barratts
297 Oxford St.
ZARA, 215-219 Oxford St.
Selfridges, 400 Oxford St.
Uniqlo, 311 Oxford St.
Ping Pon
45 Gr. Marlborough S
Seymour Street
Browns Fashion
24-27 South Molton St.
Poste
10 South Molton St.
Hamleys Toy Store, 188-196 Regent St.
John Smedley, 24 Brook St.
Franco's Tailoring, 35 Kingly St.
Bayswater Road
Hyde Park
Mulberry, 41-42 New Bond St.
PPQ
47 Condui St.
Hyde Park
Gagosian Gallery, 17-19 Davies St.
Vivienne Westwood
44 Conduit St.
Vivienne Westwood
6 Davies St.
Anschluss: Seite 36-37 ↓

E
F
G
H
↑ Anschluss: Seite 92-93
Anschluss: Seite 48-49 →
Royal College Street
Regent's Park
Goodsway
York Way
Bamsbury
Scala
275 Pentonville Road
Pentonville Road
St. Aloysius Social Club
20 Phoenix Road
Gagosian Gallery
6–24 Britannia Street
Grays Inn
Eversholt Street
Euston Road
Swinton Street
Clerkenwell
The Quality Chophouse
92-94 Farringdon Road
Coram's Fields
The Eagle, 159 Farringdon Road
The Betsey Trotwood
56 Farringdon Road
University College London
Bloomsbury
Bloomsbury Bowling Lanes
Bedford Way (im Keller des Tavistock Hotel)
Gray's Inn Road
Rosebery Ave.
Gower Street
Russel Square
Theobald's Road
Gray's Fields
5th Avenue Shoes
Charlotte St.
Bradley's Spanish Bar
42-44 Hanway St.
British Museum
Great Russell St.
JB's
36 Hanway St.
Rose Morris
Tom's Drum Store
Vintage and Rare Guitars
Denmark St.
High Holborn
Punk
14 Soho St.
Beard Papa's
143 Oxford St.
James Smith & Sons, Hazelwood House, 53 New Oxford St.
The Intrepid Fox
15 St. Giles High St.
Kingsway
Lincoln's Inn Fields
Fleet Street
Busaba Eathai
106-110 Wardour St.
Phoenix Artist Club, 1 Phoenix St.
Borderline/
The Crobar
16/17 Manette St.
Forbidden Planet, 179 Shaftesbury Ave.
Offspring, 60 Neal St.
The Royal George
133 Charing Cross Rd.
Ed's Easy Diner, 12 Moor Street
29 Carnaby St.
Ronnie Scott's
47 Frith St.
Fopp
1 Earlham St.
Reiss, 116 Long Acre
Fleet Street
Mildred's
45 Lexington St.
Bar Italia, 22 Frith St.
Madame Jojo's
8-10 Brewer St.
J. Sheekey
28-32 St. Martin's Court
Victoria Embankment
Soho
National Portrait Gallery
2 St. Martin's Place

SCHUHGESCHÄFT

Mir fällt der Name dieses Geschäfts gerade nicht ein. Vielleicht liegt es auch daran, dass ich den Laden immer **»The old man shop«** nenne, weil da immer ein uralter und ein ganz junger Mann als Verkäufer drin arbeiten. Das Geschäft ist in der Cheshire Street, gleich wenn ihr von der Brick Lane abbiegt. Geht die Straße runter und auf der rechten Seite seht ihr einen Laden, in dem alle Schuhe in ihren Kartons aufgetürmt sind. Viele Indie-Kids kaufen da ihre weißen Tennisschuhe für nur fünf Pfund. Wenn ich dort Schuhe kaufe, dann Lederschuhe im guten alten East-End-Style oder ein Paar Slipper. Den Laden gibt es bestimmt schon seit den 60ern. Sie waren die ersten, die Doc Martens verkauft haben, und es sind immer noch die ersten Eigentümer drin.

▷ Blackman's Shoes: 42-44 Cheshire Street | Karte S. 48-49, E4

BESONDERHEITEN

Queens – der Laden gehört meinen Freunden Darren und Gary und ist ein Schwulenshop in Spitalfields Market. Ein seltsamer Ort, in dem lauter Schwuchtelkram verkauft wird. Da drin ist das ganze Jahr über Weihnachten. Alles, was es dort gibt, ist absolut märchenhaft:

© M. Kolb / M. Schreiner

kleine Schächtelchen, in die man Schmuck reinlegt, den dazugehörigen Glitzerschmuck, große ausgestopfte Eulen mit langen Wimpern, Elfen, Federboas – alles stapelweise und völlig fernab von Gut und Böse.

▷ Shop 111B, Commercial Street, Spitalfield Market | Karte S. 48-49, D5

INDIE-TRAVEL-TIPP: BAR ITALIA

Die **Bar Italia** ist ein kleiner, typisch italienischer Feinschmeckerladen mitten in Soho. Im Sommer kann man mittags und abends auch draußen sitzen und einen hausgemachten Kaffee trinken, leckeres Gebäck, Pasteten oder Focaccia essen und dem Treiben auf der belebten Frith Street zusehen. Der Laden ist immer gut besucht und auch Jarvis Cocker zählt zu seinen Fans, wie der gleichnamige Pulp-Song beweist.

▷ 22 Frith Street
www.baritaliasoho.co.uk
Karte S. 24-25, E6

© M. Kolb / M. Schreiner

Das Juwel von London

von Nathan Nicholson, Todd Howe, Adam Harrison, Piers Hewitt

[The Boxer Rebellion]

Adam: »Wir wohnen in Wanstead, wo es wirklich sehr schön ist, sozusagen ein Juwel inmitten einer ganzen Menge Müll. Nebenan liegt Walthamstow – das ist wirklich beschissen. Dort haben sie die Postleitzahl E17. Vielleicht kannst du dich noch an die Boyband East 17 erinnern – die kamen da her. Auf der anderen Seite von Wanstead liegt Leytonstone, was auch nicht besonders toll ist. In Wanstead geht zwar auch nicht die Post ab, aber die Gegend ist sehr nett – ein grünes Dorf mit Metzgern und Bäckereien.«

SEHENSWÜRDIGKEIT

Adam: **Primrose Hill** ist total schön, aber auch ein sehr teures Pflaster. Die Gegend liegt zwischen dem Regent's Park und Camden. Hier gibt es einen großen Hügel, auf den du laufen kannst, nachdem du durch die noblen Straßen des Viertels gewandert bist. Von dort oben hast eine wundervolle Aussicht, für die du noch nicht einmal bezahlen musst. Dieser Ausblick ist stellvertretend dafür, wie die Londoner ihre Stadt sehen.
Nathan: Viele junge Leute gehen bei schönem Wetter dort hin, um sich zu betrinken. Sie laufen nüchtern hinauf, um wenige Stunden später sturzbetrunken wieder hinunter zu gehen. ▷ Karte S. 92-93, C6

GALERIE

© IWM Courtesy Imperial War Museum

Nathan: Als ich das erste Mal das **Imperial War Museum** betrat, war das nicht, weil ich es mir unbedingt ansehen wollte. Nebenan gibt es einen Pub, in dem ich mit einem Freund war. Ich musste mehrere Male rüber ins Museum, um dort aufs Klo zu gehen. Jedes Mal hab ich es mit der Angst zu tun bekommen, denn direkt neben den Toiletten gibt es einen nachgebauten Schützengraben, in dem es sehr dunkel ist. Dazu kommt einem Rauchgeruch entgegen und die Geräuschkulisse ist so realistisch wie auf einem echten Schlachtfeld.

▷ Lambeth Road; www.iwm.org.uk | Karte S. 62-63, B4

Königliches Bandbüro: The Royal George.

KNEIPE/BAR

Piers: **The Royal George** ist seit dem ersten Tag unserer Bandgeschichte so etwas wie unser Büro. Dort kann man bestens miteinander diskutieren. Wir gehen immer in diesen Pub, wenn wir bandinterne Besprechungen haben, Geburtstage feiern oder Manager einstellen bzw. feuern.
Nathan: Es ist nicht gerade der aufregendste Pub in London, aber wir werden ihm auch weiterhin die Treue halten.
Adam: Er ist ein schöner Pub in der Innenstadt, besonders, wenn du ihn mit den sonstigen Touristenfallen vergleichst. Er liegt abseits in einer kleinen Sackgasse mit nicht allzu viel Durchgangsverkehr. Du kannst gut und gerne am Nachmittag oder frühen Abend hineingehen und trotzdem einen freien Platz bekommen, und es läuft immer ziemlich gute Musik.
Nathan: Das Royal George hat eine gute Auswahl und du kannst dort sowohl Guinness als auch Stella und einige Lager und halbdunkle Biere bekommen.

▷ Goslett Yard, 133 Charing Cross Rd. | Karte S. 24-25, F5

Adam: Ich zieh die **Electricity Showrooms** vor.
Nathan: Die sind angesagter. Sie befinden sich in Hoxton und sind wirklich nett. Als wir am Anfang hingingen, war der Pub nie wirklich gut besucht. Mittlerweile musst du vor 19 Uhr kommen, um einen Sitzplatz zu ergattern, und kannst dich vor lauter Leuten kaum bewegen.

▷ 39 a Hoxton Square; www.electricityshowrooms.co.uk | Karte S. 48-49, C4

100% INDEPENDENT: THE BOXER REBELLION

Eigentlich ist der »Boxeraufstand« unter Historikern als chinesische Autonomiebewegung bekannt. Aber auch der britischen Band lässt sich gut und gerne etwas Rebellisches zuschreiben. Sie wurde 2005 am Tag der Veröffentlichung ihres Debüts *Exits* vom Majorlabel fallen gelassen wie eine heiße Kartoffel. In Eigenregie schafften The Boxer Rebellion aber trotzdem, das zweite Album *Union* aufzunehmen und mit diesem in den Top 10 der US- und UK-iTunes-Charts zu landen. Ohne Plattenfirma im Rücken ist und bleibt der Leitspruch der Band: »Still unsigned, still unpublished, still 100 % independent!«

CLUB

Für Rocker: The Crobar.

Adam: Im **Borderline** sind wir schon einige Male aufgetreten. Es spielen viele Bands hier, aber der Club veranstaltet auch gute Discoabende. Die Location ist ziemlich klein und befindet sich mitten in der Stadt. Direkt nebenan gibt es eine schmutzige, kleine Metal-Bar namens **The Crobar**, die ein Eldorado für Rocker und Motorradfreaks ist. ▷ The Borderline: 16 Manette St.; www.mamagroup.co.uk/borderline | Karte S. 24-25, F5 ▷ The Crobar: 17 Manette Street; www.crobar.co.uk | S. 24-25, F5

Nathan: Das **Ronnie Scott's** ist seit den 50er-/frühen 60er-Jahren ein bekannter Jazzclub. Er liegt in einer Straße, die im Laufe der letzten Jahre zum Epizentrum der Schwulen in Soho avancierte. Der Club war wohl auch der letzte Ort, an dem Jimi Hendrix lebend gesehen wurde, bevor er in sein Hotel verschwand, wo er Selbstmord beging. Das Ronnie Scott's ist ein klassischer Jazzclub mit Samtsesseln und einer niedrigen Decke.
Adam: Wenn jemand die Bühne betritt, heißt es: Fresse halten! Das ist dort die Regel.
Nathan: Die haben tatsächlich auf die Wand oberhalb der Bühne »STFU during performances« geschrieben (STFU = Shut The Fuck Up!) und ich hab drei Konzerte lang gebraucht, um zu verstehen, was das zu bedeuten hat. ▷ 47 Frith Street; www.ronniescotts.co.uk | Karte S. 24-25, E6

RESTAURANT

Piers: Das **Don Zoko** hat mir einmal Johnny von Poptones empfohlen. Dort bekommst du das authentischste japanische Essen in ganz London. Es ist nicht sehr teuer und der Saki dort schmeckt sehr gut.
▷ 15 Kingly Street | Karte S. 24-25, D6

Adam: Das **Busaba Eathai** ist ein sehr gutes Thai-Restaurant. Die mittlerweile überall verbreiteten Wagamama-Restaurants gehören den gleichen Besitzern, aber bei Busaba ist es mehr auf den Gourmet ausgerichtet. ▷ 106-110 Wardour St.; www.busaba.com | Karte S. 24-25, E5

Piers: **Ping Pong** ist ein Dim-Sum-Restaurant. Du kannst dort sowohl Suppe als auch chinesische Knödel bestellen. Und sie haben haufenweise Dim Sums in allen Geschmacksrichtungen auf der Karte. ▷ 45 Great Marlborough Street; www.pingpongdimsum.com | Karte S. 24-25, D5

DER INDIE-GOURMET ADAM EMPFIEHLT:

Das **Muslim Beef Curry mit Banane** oder die **Krabben mit Chili und Zitronengras** im Busaba Eathai sind sehr lecker. Dazu empfehle ich ein **Ginger & Lemongrass Pressé**.

Alle Fotos: © M. Kolb / M. Schreiner

Sehr zu empfehlen: Bodean's (links) und Busaba Eathai (rechts).

Adam: Im **Bodean's** haben sie tolle amerikanische Steak-Sandwiches sowie ein ordentliches Barbecue auf der Karte, und auf großen Bildschirmen werden US-Sportprogramme gezeigt. Du kannst auch nur zum Trinken hingehen. ▷ 10 Poland St./16 D'Arblay St.; www.bodeansbbq.com | Karte S. 24-25, E5

KLAMOTTENLADEN

Adam: **Paul Smith** hat klassische Indie/Mod-Mode und ist »very british«. Ich mag deren Hemden sehr – auch wenn die Marke etwas teuer ist. ▷ Westbourne House, 122 Kensington Park Rd.; www.paulsmith.co.uk | Karte S. 76, C4/5

SCHUHGESCHÄFT

Adam: Im **Offspring** habe ich früher einmal gearbeitet. Dort kannst du viele limitierte Sondereditionen von Sneakern ergattern. ▷ 60 Neal St. & 221 Camden High St.; www.offspring.co.uk | Karte S. 24-25, F5 & S. 92-93, E6

PLATTENLADEN

Adam: **Sister Ray** ist einer der wenigen übrig gebliebenen, unabhängigen Plattenläden. Du findest ihn auf der Berwick Street, einer ziemlich coolen Straße, die mit Plattenläden beginnt und mit Sexshops aufhört.
▷ 34-35 Berwick Street; www.sisterray.co.uk | Karte S. 24-25, E5

BESONDERHEITEN

© M. Kolb / M. Schreiner

Adam: **James Smith & Sons** ist womöglich das beste Regenschirmgeschäft der Welt. Das Geschäft ist sehr alt und bietet eine große Auswahl an Schirmen – beispielsweise solche mit Holzgriff, verzierten Knäufen und Gehstöcke zum Zusammenklappen.
▷ Hazelwood House, 53 New Oxford Street; www.james-smith.co.uk | Karte S. 24-25, F5

Die **Bloomsbury Bowling Lanes** sind nahe dem Russel Square. Dort fühlst du dich wie in einem dreckigen 50er-Jahre-Rock-'n'-Roll-Diner. Viele Bowlingbahnen haben sie nicht gerade und es ist recht teuer, dort zu spielen, aber es macht echt unwahrscheinlichen Spaß. Es finden dort auch Clubnächte und Konzerte statt. Alles ist cool und irgendwie indie mit klebrigen Böden. ▷ Bedford Way (im Keller des Tavistock Hotels); www.bloomsburybowling.com | Karte S. 00-00,

Piers: Ich bin Mitglied im **Kings Cross Snooker Club**. Er ist sehr alt, aber cool. Es gibt nicht viel Stylishes – hier dreht sich einfach alles nur um Snooker. Die Räume riechen etwas muffig und man fühlt sich zurück in die 70er-Jahre versetzt. Du musst allerdings von einem Mitglied angemeldet werden, um dort hineinzukommen.
▷ 275-277 Pentonville Road, Islington; www.londonsnooker.co.uk/clubs/kingscross.html | Karte S. 24-25, F4

Adam: In den **Fortress Studios** haben wir schon viel Zeit mit Bandproben und Aufnahmen verbracht. Die Studios haben eine eigene kleine Bar, die erste Anlaufstelle für eine Band. Man kann sich dort wohlfühlen und auf eine großartige Musikergemeinschaft stoßen.
▷ 34-38 Provost Street; www.fortressstudios.co.uk | Karte S. 48-49, C4

© The Boxer Rebellion, privat

Adam und Nate vorm Studio.

Picknick im Park von Finian Greenall [Gitarrist und Sänger von Fink]

»Ich habe acht Jahre lang in Frognal, einem Bezirk im Stadtteil Hampstead, gelebt. Diese Gegend ist wirklich nobel, ansprechend und wunderschön. Und sie ist voll von alten Londonern – aber nicht solchen Typen, wie sie im East End rumlungern. In Hampstead leben eher die betuchteren Leute wie Politiker und Prominente. Ich habe sehr gerne dort gewohnt, weil die Gegend sehr sicher und ruhig ist.«

SEHENSWÜRDIGKEIT

Die **Hampstead Heath** ist ein riesiges Areal mit viel Grün und einem Hügel. Von der Spitze des Hügels aus kannst du über London blicken. Es ist wirklich wundervoll dort – vergleichbar etwa mit dem Central Park in New York. Er ist sogar so groß, dass du dich darin verlaufen kannst. Aber Vorsicht: Nachts solltest du hier besser nicht abhängen, das könnte gefährlich werden! Aber tagsüber bei schönem Wetter ist es dort herrlich. Kauf dir am besten etwas Kuchen und lass es dir mit deiner Liebsten bei einem Picknick im Park gut gehen. ▷ Hampstead Heath | Karte S. 92-93, B2

Untrendy, aber gut: National Gallery.

GALERIE

Ich mag die **National Gallery** wirklich sehr gerne. Sie ist natürlich nicht so trendy wie das Tate Modern, weil sie eher historische Ausstellungen zeigt, aber genau deshalb finde ich sie gut. Im Moment zum Beispiel gibt es dort wundervolle japanische und persische Exponate zu sehen.

Dieses Museum hat wirklich oft tolle Themenausstellungen zu bieten – allerdings eher solche im traditionellen Stil. Die Lage der Galerie ist sehr zentral, gegenüber dem Ritz und einfach zu erreichen. Und der Eintritt zu den Sonderausstellungen ist erschwinglich.

▷ Trafalgar Square; www.nationalgallery.org.uk | Karte S. 24-25, F6

KNEIPE/BAR

© M. Kolb / M. Schreiner

Der **Holly Bush** kommt in einem meiner Songs vor. Aus diesem Grund möchte ich ihn an dieser Stelle auch nennen. Es war mal mein Stammlokal und mittlerweile ist es sehr beliebt. Außerdem kannst du hier berühmte Leute treffen oder sie einfach nur beobachten. Im Sommer ist es angenehm, draußen zu sitzen und zu relaxen. Der Holly Bush liegt nicht weit von der Hampstead Heath entfernt, sodass du nach ein paar Bierchen im Pub gerne noch einen Spaziergang machen kannst.

▷ 22 Holly Mount; www.hollybushpub.com | Karte S. 92-93, A3

CLUB

Die **Brixton Academy** ist sehr groß. Hier kannst du dir aber trotzdem eine bekanntere Band ansehen, ohne dabei das Clubfeeling zu verlieren. Alle angesagten Bands spielen dort, bevor sie den großen Durchbruch schaffen. Die Brixton Academy besitzt ein spitzen Soundsystem. Man erreicht sie sehr einfach und kommt auch gut wieder zurück nach Hause. Wenn du dir eine Band ansehen möchtest, die du richtig gut findest, dann wird das dort bestimmt ein toller Gig werden.

▷ 211 Stockwell Road; www.o2academybrixton.co.uk | Karte S. 62-63, B6

PLATTENLADEN

Rough Trade East hat eine super Musikauswahl. Die Gegend, in der der Laden liegt, ist auch sehr cool. Der ganze Bezirk um die Brick Lane und Shoreditch ist perfekt zum Abhängen. Die Stimmung dort, speziell im Sommer, ist toll. Rough Trade hat einen guten Ruf und eine lange Geschichte und verkauft neben Schallplatten und CDs auch Konzertkarten und Merchandise.

▷ Old Truman Brewery, 91 Brick Lane; www.roughtrade.com | Karte S. 48-49, D6

KLAMOTTENLADEN

© M. Kolb / M. Schreiner

Wenn du am Oxford Circus bist, aber nach etwas Einzigartigem Ausschau hältst, dann geh einfach die Regent Street hinunter und besuche den Flagship-Store von **Vivienne Westwood**. In der oberen Etage gibt es Frauenkram und im unteren Stockwerk ist die Männerabteilung angesiedelt. Du findest dort eine große Auswahl der bunten Anglomania-Kollektion, die du in Europa nirgends sonst kaufen kannst. Falls deine Reisekasse etwas üppiger ausfällt, solltest du den Laden unbedingt mal testen.

▷ 44 Conduit St. oder 6 Davies St.; www.viviennewestwood.com | Karte S. 24-25, C+D6

SCHUHGESCHÄFT

Terra Plana verkauft Schuhe, die komplett ökologisch sind. Sie sind kompostierbar und ohne synthetischen Scheiß oder schädliche Klebstoffe. Die Schuhe werden aus recycelten Materialien hergestellt. Sie benutzen beispielsweise kein normales Leder, sondern ein Nebenprodukt aus dem Lederherstellungsprozess. Das Geschäft befindet sich in der Nähe der London Bridge. Es bietet eine große Auswahl an Schuhen. Und auch wenn die Stile nicht die sind, die du normalerweise trägst, ist es sehr wichtig, eine Beziehung zur Ökomode aufzubauen. Fang mit den Füßen an und arbeite dich dann nach oben vor. Für Mädels hat Terra Plana übrigens auch sehr aufregende Schuhe.

▷ 124 Bermondsey Street; www.terraplana.com | Karte S. 62-63, E3

© Terra Plana London

BESONDERHEITEN

Viele Touristen, die **Soho** besuchen, gehen meist nur in die Carnaby Street. Aber du solltest Soho wirklich einmal näher erkunden. Ich hab in dieser Gegend fünf Jahre lang gearbeitet und kenne sie wie meine Westentasche. Im Grunde besteht Soho aus dem Oxford Circus im Nordwesten und die Tottenham Court Road grenzt das Viertel an seiner östlichen Seite ab. Mittendrin findest du alles vom berühmten Ronnie Scott's Jazz Club bis hin zum Rotlichtmilieu. Und viele coole Klamottenläden, Secondhandshops, großartige kleine Clubs, Restaurants und Bars. Tagsüber ist Soho genial zum Shoppen und abends kannst du dort in den vielen Pubs und Clubs etwas erleben. Oft geht mir London im Winter so richtig auf den Keks. Aber in Soho kann man sich auch danngut die Zeit vertreiben, weil es hier sowieso eher darum geht, sich drinnen aufzuhalten.

▷ Karte S. 24-25, F6

Ronnie Scott's Jazz Club.

TRIPHOP GOES AKUSTIK: FINK

Fink alias Finian Greenall fing als DJ an und experimentierte gerne mit Breakbeats und elektronischem HipHop. Sein 2001er Album *Fresh Produce* verfiel dann auch dem Genre Triphop, bevor sich der Sohn eines Folkmusikers und einer Musikmanagerin 2006 mit Akustikgitarre bewaffnet dem Singer-/Songwritertum verschrieb. Live bilden neben Finian die Musiker Guy Whittaker (Sohn des hierzulande bekannten Schlagersängers Roger Whittaker) und Tim Thornton das Trio Fink.

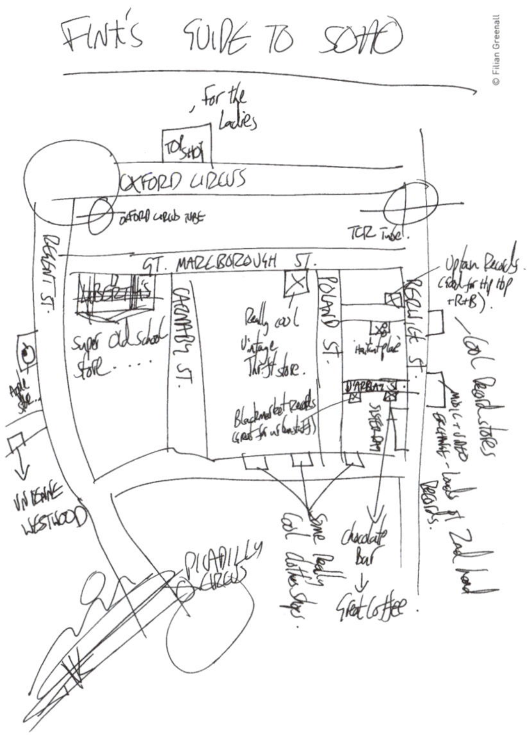

A
B
C
D
← Anschluss: Seite 76
Hyde Park
1
▼ Serpentine Gallery, Kensington Gardens
Kensington Gore
Kingsbridge
2
Imperial College London
Brompton Road
Sloane Street
▼ Science Museum
Exhibition Road
▼ Natural History Museum / Victoria & Albert Museum
3
76-86 Cromwell Road
North Kensington
Brompton
Fulham Road
4
Chelsea
▼ Vingt-Quatre
325 Fulham Road
King's Road
5
Chelsea Embarkment
Albert Bridge Road
Battersea Park
Richtung: Scope
69 St. John's Road
6

E
F
G
H
Nobu
15 Berkeley Street
Piccadilly
37
St. Mame's St.
Pall Mall
Strand
Whitehall
Victoria Embankment
St. James Park
City of Westminster
Westminster Bridge
Grosventor Pt.
Buckingham Gate
Hobart Place
Victoria Street
Anschluss:
Seite 62-63 →
Victoria
Vauxhall Bridge Road
Belgrave Road
Albert Embarkment
Millbank
Vauxhall Bridge
Pimlico
Grosvenor Road
Nine Elms Lane
Queenston Road
Nine Elms
Battersea Dogs and Cats Home
4 Battersea Park Road
Ghosts
Good Shoes
Red Light Company
Travis

© M. Kolb / M. Schreiner

London for Members von Paul Mellon, Richard Frenneaux, Chris Edmonds, James Griffiths [Red Light Company]

Richard: »Maida Vale ist sehr grün und hier passiert nicht wirklich viel. Das einzig Interessante sind die BBC Maida Vale Studios, die genau gegenüber meiner Wohnung liegen. Leider erhascht man nicht oft einen Blick auf die Bands und Musiker, die dort vorfahren, um Aufnahmen zu machen.«

Paul: »Früher in den 70er-Jahren gab es in Maida Vale viele Hausbesetzungen, und Punkbands wie The Clash nutzten die Häuser zum Wohnen und Proben. Heute geht es hier ruhig und zivilisiert zu.«

Richard: »Ich mag die Geschichte dieses Stadtteils, aber ich komme nicht so gut mit der Nachbarschaft klar.«

James: »Es leben viele Geschäftsleute hier, die sich sofort aufregen, wenn du mal ein bisschen Lärm machst.«

James: »Paul und ich teilen uns eine Wohnung in Camden, genau zwischen der Swiss Cottage und Chalk Farm. Um die Swiss Cottage herum wohnen eine Menge Schauspieler, die auf die Schauspielschule in der Nähe gehen. Zum Wäschewaschen müssen wir immer in einen Salon gehen, der in der Nähe vom The Sir Richard Steele Pub liegt. Das ist ein großartiger Pub, in dem lauter spannende Gestalten rumhängen: skurrile Typen und Celebrities. Wenn du vom Pub aus den Haverstock Hill hinab läufst, gelangst du automatisch auf die Chalk Farm Road und schließlich auf die Camden High Street, wo der Papst boxt.«

Paul: »In Camden geht immer was ab. Manchmal laufen dort echt wahnsinnige Gestalten rum wie Cyber-Goths, Irokesen und so. Hier und da geht es etwas wild und ruppig zu, aber das ist schon in Ordnung.«

James: »Die Camden High Street ist samstags echt die Hölle, weil sie von Touristen belagert wird. Am besten meidest du sie dann und gehst irgendwoanders hin. Aber abends und nachts ist Camden mein liebster Aufenthaltsort in ganz London.«

SEHENSWÜRDIGKEIT

Richard: Ich liebe den **London Zoo**. Ich war gerade erst neulich mit meiner Freundin dort und hab die meiste Zeit des Tages damit verbracht, die Affen zu beobachten, die mich sehr faszinieren. Dieser Zoo ist eigentlich einer der besten, die ich je besucht habe, was die Vielfalt und Haltung der Tiere angeht. Der Eintrittspreis ist zwar ziemlich hoch, aber dafür kannst du einen kompletten Tag im Zoo verbringen, viele Tiere ansehen und noch nicht mal alles schaffen, was es zu entdecken gibt. Dort gibt es eine Menge seltener und komischer Lebewesen, von denen du nicht einmal geahnt hast, dass sie existieren. Für ein erstes Date empfehle ich einen Besuch im London Zoo sehr. Man hat bei all den Tieren schnell viele Gesprächsthemen.
James: Außerdem ist der Eintritt in den Zoo teuer genug, um einem Mädchen zu imponieren und zu zeigen, dass sie einem was wert ist.

▷ Regent's Park; www.zsl.org | Karte S. 24-25, B3

MUSEUM

Richard: In das **Natural History Museum** lässt sich sehr leicht eine Kamera reinschmuggeln, um dort ein Fotoshooting zu machen. Zumindest haben wir das schon getan. Dort ist wie in jedem großen Museum der Stadt der Eintritt frei.
James: Es gibt dort einen mechanischen T-Rex, der sich bewegt, dich anbrüllt und mit seinen Blicken verfolgt. Das ist sehr spaßig.

▷ 76-86 Cromwell Rd.; www.nhm.ac.uk | Karte S. 36-37, A3

Paul: Ich habe mir mal den Spaß gemacht, von meiner Wohnung aus hin zum **Imperial War Museum** zu laufen. Das sind immerhin sechs Meilen. Ich wollte das schon immer mal tun und bin die ganze Strecke auch wieder zurückgegangen. Natürlich habe ich mir auch das Museum angeschaut. Es ist sehr sehenswert und zeigt zum Beispiel Ausstellungen über

INDIE-TRAVEL-TIPP: GOOD MIXER

Der **Good Mixer** ist ein typischer englischer Pub, den man etwas versteckt in einer ruhigen Seitenstraße der Camden High Street findet. In den 90ern war der eher unauffällige Pub ein Mekka für Britpopfans und -bands wie Blur, The Bluetones, Pulp und Menswear. Leider rockt Camden nicht mehr ganz so sehr und auch der Pub hat seine besten Jahre hinter sich gelassen. Hier kann man aber trotzdem noch immer Poolbillard spielen, die gut sortierte Jukebox mit Geld füttern und sein Bier genießen. Vielleicht schauen doch noch mal Amy Winehouse oder Graham Coxon vorbei ...

▷ 30 Inverness Street | Karte S. 92-93, E6

den Holocaust, Konflikte seit 1945 und den Kalten Krieg.
▷ Lambeth Road; www.iwm.org.uk | Karte S. 62-63, B4

Hire or fire: The Hobgoblin.

KNEIPE/BAR

Richard: **The Hobgoblin** ist aus verschieden Gründen spannend: Vor einiger Zeit habe ich in der Linhope Street, um die Ecke von diesem Pub, gewohnt. Während der Entstehungsphase unseres ersten Albums war er sozusagen unser Hauptquartier. Für mich war es eine wegweisende Entscheidung, nach London zu ziehen und in der Nähe der Baker Street und all ihren Reizen zu leben. Immer wenn ich an diesen Ort komme, möchte ich wieder dort wohnen. Leider kann ich das nicht, denn meine ehemalige Wohnung wurde verkauft. Die Plattenfirma von Oasis befindet sich um die Ecke des Pubs, direkt gegenüber meiner alten Wohnung. Liam und Noel kommen auch oft in den Hobgoblin. Vielleicht finden sie das Thai-Essen hier auch so gut wie wir.
James: Wenn wir hier herkamen, haben wir immer im Kellergeschoss in der »Höhle«, wie wir es nennen, gesessen. Sie ist mit Holzstühlen und -tischen eingerichtet, die aussehen, als seien sie direkt aus einem Baum heraus geschnitten worden. Der Pub ist außerdem unsere Schicksalsstätte, denn hier haben wir schon zwei Bandmitglieder entlassen.
Richard: The Hobgoblin war stets der Ort der Entscheidung, wenn wir bemerkt

Chris Edmonds und The Hobgoblin.

haben, dass sie nicht in die Band passten. Es war also jedem klar, dass einer gehen muss, wenn ein Meeting im Hobgoblin angesetzt war.
▷ 21 Balcombe Street | Karte S. 24-25, B4

James: In den **Phoenix Artist Club** kommst du eigentlich nur hinein, wenn du Mitglied bist. Wenn du allerdings schon vor 20 Uhr dort bist, dann kannst du auch als Nichtmitglied rein und bis in die frühen Morgenstunden bleiben. Er liegt unter dem Phoenix Theater – du musst die Treppen in den Keller hinunter gehen. Dieser Ort ist sehr besonders, weil er von vielen Schauspielern und Künstlern besucht wird.
Richard: Der Club hat keine Fenster, sodass du nie weißt, wie hell es draußen schon ist. Es ist der Ort, den wir zuerst besucht haben, nachdem wir nach London gezogen sind. Damals war er einer der Dreh- und Angelpunkte der Musikszene, einer der Gründe, warum dort viele Verleger, Plattenfirmenleute und Musiker herumlungerten. Aber mittlerweile hat sich das in andere Stadtteile verlagert. Den Phoenix Artist Club gibt es schon eine sehr lange Zeit und er ist einfach großartig.
▷ 1 Phoenix Street; www.phoenixartistclub.com | Karte S. 24-25, D5

CLUB

Richard: Das **Scala** gibt es schon einige Jahre. Es fasst ungefähr 1000 Besucher. Dort zu spielen, kann für viele Bands einen Wendepunkt in ihrer Karriere bedeuten. Wenn du hier einmal ein Konzert gegeben hast, dann wirst du schnell auch in größere Hallen wie die Brixton Academy gebucht. ▷ 275 Pentonville Road; www.scala-london.co.uk | Karte S. 24-25, G2

Der Wendepunkt? – Die Red Light Company live im Scala.

Richard: **The Betsey Trotwood** ist die kleinste Musikkneipe, in der ich je gewesen bin. Sie sieht ein wenig wie das Hobgoblin aus, aber es passen gerade einmal 10 bis 15 Leute dort hinein. Für Akustikkonzerte ist die Kneipe sehr gut geeignet. Ich war nur ein einziges Mal dort, aber das war ein ganz besonderes Erlebnis für mich, weil man dort die Band in einem sehr intimen Rahmen erleben kann.

▷ 56 Farringdon Road; www.thebetsey.com | Karte S. 24-25, H4

Paul: Die **Bush Hall** ist wie das KOKO eine tolle Location, die es seit vielen Jahren gibt. Wir haben dort schon gespielt und es genossen. *James:* The Who haben hier früher regelmäßig geprobt. Das ist schon ein tolles Gefühl, auf der gleichen Bühne zu stehen.

▷ 310 Uxbridge Road; www.bushhallmusic.co.uk | Karte S. 76, B6

RESTAURANT

Richard: Das **Nobu** ist ein ziemlich schicker Laden, der sehr teuer ist. Man kann es sich nur etwa alle sechs Monate einmal leisten, dort essen zu gehen. Ins Nobu gehen auch viele Promis. Du kannst davon ausgehen, dass du Leute wie Lily Allen, David Bowie oder irgendwelche bekannten Fußballspieler sehen wirst. Im Keller des Nobu gibt es noch eine Bar. Die Getränke dort sind ebenfalls sehr teuer, also bestell dir am besten nur einen Drink. Sie ist einen Besuch wert, um etwas Celebrity-Spotting zu betreiben. Aber Vorsicht: Bestell keinen Champagner, nur weil du betrunken bist!

▷ 15 Berkeley Street; www.noburestaurants.com | Karte S. 36-37, F1

DER INDIE-GOURMET RICHARD EMPFIEHLT:

Das **Spicy Vegetable Donburi** im Nobu ist eine wahre Delikatesse und die Nachspeisen, wie die **Nobu Chocolate Tarte**, mit Eis gefüllt und mit warmer Schokosoße serviert, sind ein echter Gaumenschmaus.

PLATTENLADEN

Richard: **Sister Ray** existiert schon seit vielen Jahren als unabhängiger Plattenladen. Er ist klein, somit auch ein ziemlich intimer Ort, um den Instore-Gig einer Band anzuschauen. Ich

hab dort The Maccabees spielen sehen. Es war ein wenig voll und eng, aber großartig.
▷ 34-35 Berwick Street | Karte S. 24-25, E5

Sister Ray: super Platten!

KLAMOTTENLADEN/ SCHUHGESCHÄFT

Richard: Shopping ist nicht gerade meine Leidenschaft, aber wenn ich es mir leisten kann, dann gehe ich gerne zu **Selfridges** und schaue mich um. Die haben dort tolle Sachen und eine riesige Auswahl. Ich habe meine Lieblingsstiefel in der Dior-Homme-Abteilung gekauft. Sie haben jetzt schon ein paar Jahre auf dem Buckel, aber halten sich immer noch. Ich liebe die Sachen von Dior Homme.
▷ 400 Oxford Street; www.selfridges.com | Karte S. 24-25, D5

Bei **All Saints** bekommst du auch tolle Schuhe. Deren Flagship Store befindet sich in Spitalfields. Er ist größer als die anderen Filialen in London und hat eine größere Auswahl an Klamotten und Schuhen.
▷ Spitalfields; www.allsaints.com | Karte S. 48-49, D5

BESONDERHEITEN

Chris: Bei **Rose Morris** habe ich mein Klavier gekauft. Das Geschäft wird von den Eltern meiner Exfreundin geführt, also habe ich hierzu einen besonderen Bezug. Der Laden ist großartig und sie haben neben dem großen Sortiment an (elektrischen) Klavieren, Keyboards und anderen Tasteninstrumenten auch eine Auswahl an Gitarren, Schlagzeugen und klassischen Instrumenten. ▷ 10 Denmark Street; www.rosemorris.com | Karte S. 24-25, F5

James: **Tom's Drum Store** wird von einem netten und großzügigen Herrn geführt, der stets einen guten Preis macht. Immer wenn ich etwas fürs

© M. Kolb/M. Schreiner

Vintage and Rare Guitars (li.). Tom's Drum Store im Obergeschoss von Wunjo Guitars (re.).

Schlagzeug benötige, gehe ich in diesen Laden. Er befindet sich über einem Gitarrenshop.
Paul: Er ist auf der Denmark Street, wo es jede Menge Musikgeschäfte gibt. Das ist meine Lieblingsstraße in London. Hier gibt es erstaunlich alte Läden, die Gitarren verkaufen wie **Vintage and Rare Guitars**.
Richard: Vor den Aufnahmen zu unserem Album sind wir dort hingegangen, um uns mit Effektpedalen einzudecken. Deren Pedale sind sehr speziell und werden von einem Typen in Australien hergestellt.
Paul: Du findest dort extrem teure, gebrauchte und alte Liebhaberstücke, die gerne auch mal 15.000 Pfund kosten. Ich geh immer gerne hinein, um mich einfach nur umzusehen.
James: Die bieten derzeit eine Gitarre an, die Mick Jones von The Clash gespielt hat.

▷ Tom's Drum Store: 20 Denmark Street, www.myspace.com/tomsdrumstore | Karte S. 24-25, F5
▷ Vintage and Rare Guitars: 6 Denmark Street, www.vintageandrareguitars.com | Karte S. 24-25, F5

Richard: Bei **Ray Man** haben sich Coldplay mit all den außergewöhnlichen Instrumenten für ihr Album *Viva La Vida* eingedeckt. Ich war zuletzt in diesem Laden, um eine Akkordzither und ein Harmonium zu kaufen. Wenn du mal etwas musikalische Inspiration brauchst und ein seltenes Instrument spielen magst, dann ist das der richtige Laden für dich. ▷ 54 Chalk Farm Rd.; www.rmmusicshop.moonfruit.com | Karte S. 92-93, D5

INTERNATIONAL: RED LIGHT COMPANY

Die Red Light Company wurde erst 2007 durch Sänger Richard Frenneaux ins Leben gerufen, nachdem er eine Bandanzeige im Internet aufgab. Der Brite, der lange Zeit in Australien und Neuseeland lebte, versammelte schnell James Griffiths (Schlagzeug) aus Wales, Paul Mellon (Gitarre) aus Schottland und Chris Edmonds (Keyboard, Bass) aus einem Vorort Londons um sich. Der aus Wyoming/USA stammende Shawn Day, der zu Anfang den Bass zupfte, verließ die Band im Sommer 2009. Im selben Jahr erschien auch ihr Debütalbum *Fine Fascination*, das nur so von unpeinlichen Indiepop-Hymnen strotzt.

Das ehemalige Outlawviertel mit Daniel Higgins [Gitarrist von The Duke Spirit]

»Bethnal Green ist richtig altes London. Früher haben hier hauptsächlich irgendwelche Halbweltgangster gelebt, heute ist aus dem Outlaw-Viertel ein Künstlerviertel geworden.«

SEHENSWÜRDIGKEIT

Wenn ich von einem Konzert nach Hause komme, gehe ich immer zur **Spitalfields City Farm** und zu diesem fetten Schwein, das dort auf der Farm mitten in der Stadt lebt, freu mich daran, wie es sich im Schlamm wälzt, und helfe ihm, indem ich seinen Rücken mit einem Stöckchen kratze. Für mich ist das ein Gefühl von Heimat. Das Bauernhofprojekt wird aus Wohltätigkeitsquellen finanziert und dient dazu, Stadtkindern zu zeigen, wo die Milch herkommt oder wie groß ein Schwein oder eine Kuh in Wirklichkeit ist. Lohnt sich wirklich, da mal vorbeizuschauen und außerdem kann man dort großartig frühstücken.

▷ Weaver Street; www.spitalfieldscityfarm.org | Karte S. 48-49, E5

GALERIE

The Approach Gallery gehört zur **Approach Tavern** in Bethnal Green und ist eine echt fantastische Galerie direkt über dem gleichnamigen Pub. Das Tolle an der Galerie: Sie kombiniert zwei Dinge auf einzigartige Weise: oben tolle Kunst – unten tolles Bier. ▷ 1. Stock, The Approach Tavern, 47 Approach Road; www.theapproach.co.uk | Karte S. 48-49, G3

KNEIPE/BAR

The Royal Oak. War mal ein echt scheußlicher Pub, der heutzutage zum Glück kaum noch scheußlich ist. Eingerichtet ist er im Stil der 30er und nach meiner anfänglichen Skepsis jetzt so etwas wie mein Stammpub.
▷ 73 Columbia Road; www.royaloaklondon.com | Karte S. 48-49, E3

CLUB

Viele meiner Kumpel schwärmen mir immer wieder von einer Clubnight namens **The Bethnal Green Working Men's Cub** vor. Dort gibt es immer eine Menge Abwechslung im Programm, einmal spielt eine Band, ein anderes Mal gibts Cabaretshows. Wir hatten dort auch schon einmal einen Gig.
▷ 44-46 Pollard Row; www.myspace.com/workingmenscub | Karte S. 48-49, F4

RESTAURANT

Pellicci's Café ist ein altes Café im Art-déco-Design, das eine ganz liebe italienische Familie aus der Eastside betreibt. Wenn man reinkommt, wird man immer äußerst herzlich begrüßt. Das Essen ist auch unglaublich gut. Ich kann eigentlich die ganze Speisekarte hoch und runter empfehlen, aber ich esse dort entweder Schweinshaxe oder eines der Menüs. Das Frühstück ist auch sehr lecker. ▷ 332 Bethnal Green Road | Karte S. 48-49, F4

PLATTENLADEN

© Holger Menzel

Zum Plattenkauf geh ich auf den **Spitalfields Market**, einen Flohmarkt am Ortsrand von Bethnal Green, auf dem du immer was findest, weil ziemlich viele Plattenhändler dort sind. Am besten gehst du sonntags hin, denn an diesem Tag kannst du zwei Fliegen mit einer Klappe schlagen: super Sachen zu super Preisen. ▷ 65 Brushfield Street; www.visitspitalfields.com | Karte S. Karte S. 48-49, D5

KLAMOTTENLADEN

Normalerweise finde ich meine Sachen immer auf dem **Brick Lane Market**. Die Sachen dort sehen zwar aus wie irgendwo aus dem Müll gefischt, aber dann kaufst du dir das Teil trotzdem, nimmst es mit nach Hause, wäschst es und es sieht einfach nur toll aus. Der Brick Lane Market ist was für echte Goldschürfer.
▷ Brick Lane, Cheshire Street und Sclater Street | Karte S. 48-49, D/E5

SCHUHGESCHÄFT

Mein Lieblingsladen zum Schuhekaufen ist **5th Avenue Shoes**. Wenn du dort bist, setz dir am besten ein Limit und kauf nicht gleich den ganzen Laden leer. ▷ Charlotte Street | Karte S. 24-25, E4

HIGHSCHOOL-ROCK: THE DUKE SPIRIT

Die neuen englischen Pop-Bands treffen sich seit Neuestem in guter alter Pink-Floyd-Tradition an Kunsthochschulen, starten dort gemeinsame multimediale Projekte, treffen dann auf dem Camden Market zufällig noch ihren Schlagzeuger und klettern dann unter großem Kritikerlob in den Charts nach oben wie die Band um Sängerin Liela Moss, der die ewigen Blondie-Vergleiche zu Recht völlig am A.... vorbei gehen.

BESONDERHEITEN

Tatty Devine stellt alle möglichen Dinge her. Die Mädels sind richtig gute Freundinnen von uns und wir unterstützen uns gegenseitig, wo wir nur können. Wir haben viele Sachen von ihnen auch auf unserer Tour auf dem Merchandise-Tisch liegen und Liela steht auch in Klamotten von Tatty Devine auf der Bühne. Neben Ihren tollen Produkten geben sie in ihrer Galerie auch legendäre Partys.
▷ 236 Brick Lane; www.tattydevine.com | Karte S. 48-49, E4

© Tatty Devine

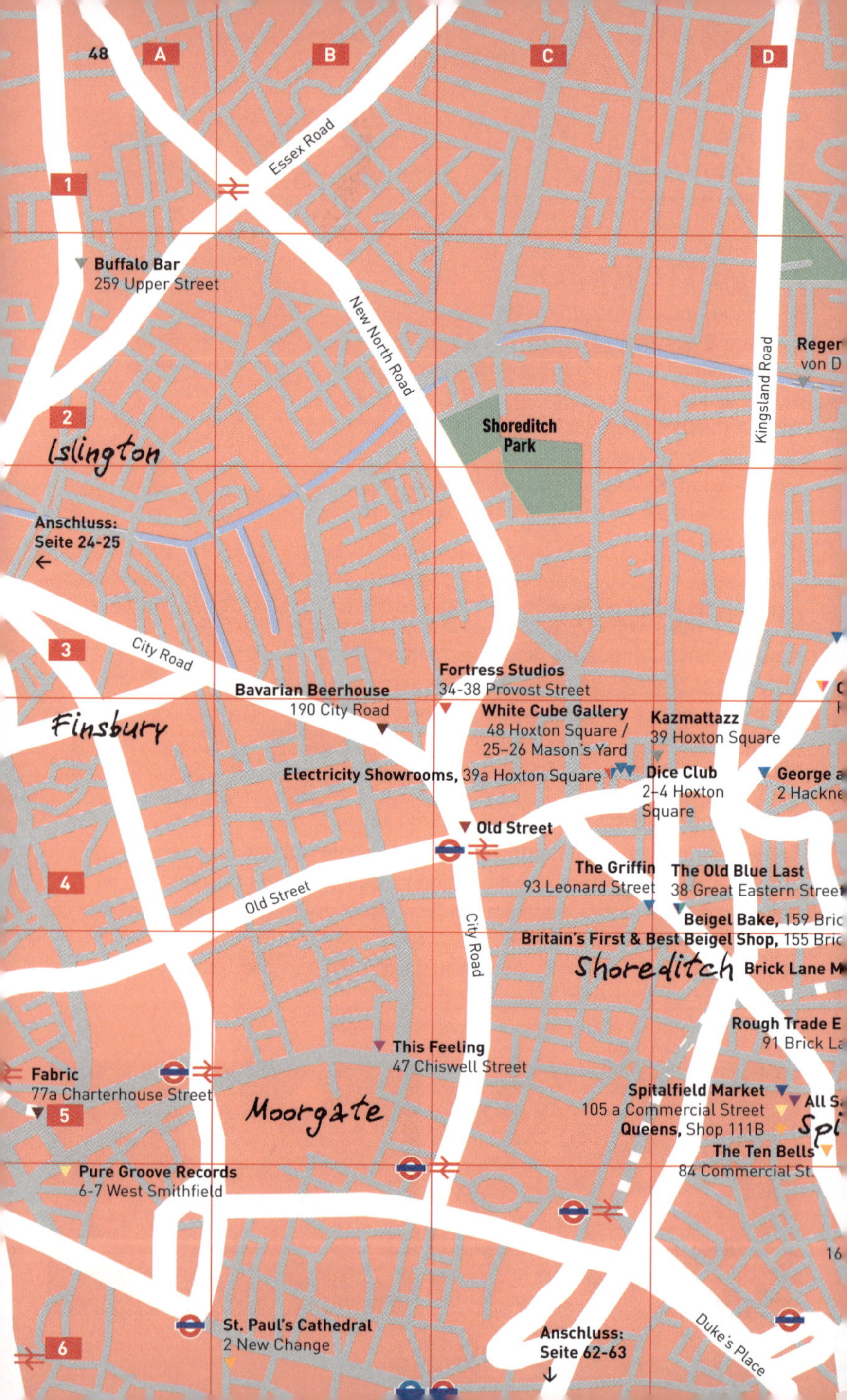
A
B
C
D
1
2
3
4
5
6
Essex Road
Buffalo Bar
259 Upper Street
New North Road
Kingsland Road
Shoreditch Park
Islington
Anschluss:
Seite 24-25
City Road
Fortress Studios
34-38 Provost Street
Bavarian Beerhouse
190 City Road
White Cube Gallery
48 Hoxton Square /
25–26 Mason's Yard
Kazmattazz
39 Hoxton Square
Finsbury
Electricity Showrooms, 39a Hoxton Square
Dice Club
2-4 Hoxton Square
Old Street
The Griffin
93 Leonard Street
The Old Blue Last
Old Street
City Road
Shoreditch
This Feeling
47 Chiswell Street
Fabric
77a Charterhouse Street
Moorgate
Spitalfield Market
105 a Commercial Street
Queens, Shop 111B
The Ten Bells
84 Commercial St.
Pure Groove Records
6-7 West Smithfield
St. Paul's Cathedral
2 New Change
Anschluss:
Seite 62-63
Duke's Place

E
F
G
H
schluss:
te 106-107
London Fields
Tre Viet
251 Mare Street
Cassland Road
Well Street
London Fields Flohmarkt
137 Mare Street
Broadway Market
Victoria Park Road
Mare Street
Victoria Park
Shoreditch
Haggerston Park
Hackney City Farm
1a Goldsmiths Row
kney Road
The Approach Gallery
47 Approach Road
ers Arms
kney Road
Regent's Canal
nach Limehouse
The Royal Oak
73 Columbia Road
Bethnal Green
Road
Columbia Road Flower Market/
Pie & Mash Imbiss
on Columbia Road
The Bethnal Green Working Men's Cub
44-46 Pollard Row
Tas Firin
160 Bethnal Green Rd.
Pellicci's Café
332 Bethnal Green Road
Tatty Devine
236 Brick Lane
BrickLane
Beyond Retro, 110-112 Cheshire Street
Blackman's Shoes
42-44 Cheshire Street
Rokit, 101 & 107 Brick Lane
Spitalfields City Farm, Weaver Street
Coffee@BrickLane
154 Brick Lane
Sunday Up Market /
Truman Brewery
Ely's Yard
Cambridge Health Rd.
Mile End Road
ields
Whitechapel Road
New Tayyabs
83-89 Fieldgate Street
ythm Factory
echapel Road
Whitechapel Gallery
77-82 Whitechapel High Street
hitechapel
Commercial Road
Babyshambles /
Roses Kings Castles
Bloc Party
Fink
Ghosts
Good Shoes
Hatcham Social
Metronomy
Official Secrets Act
Red Light Company
The Bishops
The Boxer Rebellion
The Duke Spirit
The Feeling
The Rakes
The Rifles
Travis
White Lies

© Ross Ferguson

Die drei Bischöfe von London: Peter Bishop, Michael Bishop & Chris McConville [The Bishops]

Michael: »London ist riesig und man ist ständig auf Achse, in einem Club, auf einem Konzert, bei Freunden. Irgendwo ist immer was Neues, Aufregendes los. Die Stadt London ist perfekt für Musiker. London ist mehr als die größte Stadt Großbritanniens. Wir haben auf unseren Touren schon eine ganze Menge Städte gesehen, aber London ist schon was Besonderes und die internationalste aller englischen Städte.«

Peter: »London bietet allen Leuten was. Es gibt unzählige Galerien, die verschiedensten Konzerte. Wenn du irgendetwas ganz Spezielles magst, kannst du sicher sein, genau so etwas in der Stadt auch zu finden. Das einzige Problem: London ist so riesig, dass du immer eine Menge Zeit mitbringen solltest.«

SEHENSWÜRDIGKEIT

Peter: Ich stehe total auf die ganzen Märkte und Flohmärkte. Es macht Spaß, herauszufinden, wo und wann sie genau stattfinden und offen sind. Besonders gerne hab ich die **Spitalfields** und den **Broadway Market**. Da findest du echt alles. Drum herum sind lauter Bars und Pubs für zwischendurch und es gibt eine Menge zu sehen: Galerien, Klamotten, gutes Essen und so. Zum Spitalfields Market geh ich jeden ersten und dritten Mittwoch des Monats und kauf mir einen Sack Platten für fast gar nichts – die sind da superbillig und

© Holger Menzel

Die Spitalfields, jetzt ein ehemaliger Geheimtipp.

kaum einer weiß das ... na ja, bis jetzt jedenfalls.

▷ Broadway Market: www.broadwaymarket.co.uk | Karte S. 48-49, F2

▷ Old Spitalfields Market: 105a Commercial Street, Spitalfields; www.visitspitalfields.com | Karte S. 48-49, D5

Michael: **Oben auf dem Primrose Hill**. Ich wohne jetzt schon knapp sieben Jahre in London und war vor fünf Monaten das erste Mal oben auf dem Primrose Hill. Und ich bin verliebt in die Aussicht, denn du siehst wirklich alles, wenn du dich da einfach aufs Gras setzt. Alle Sehenswürdigkeiten Londons in Panoramaansicht. Wer das erste Mal in London ist, sollte zuerst oben auf den 63 Meter hohen Primrose Hill gehen, die Stadt anschauen und als großes Ganzes sehen. ▷ Primrose Hill, City of London; www.primrosehill.com | Karte S. 92-93, C6

60S-MUSIK, 60S-LOOK, ERFOLG 2007

Eineiige Zwillinge, die aussehen, als seien sie mit Mick Jagger verwandt, die immer im Anzug mit Krawatte auftreten und Musik im Stil der Sixties machen, einmal an die Stones, einmal an die Beatles erinnern, und am Schlagzeug ein Mann im Ringelpulli. Auf ihrem gleichnamigen Debüt zeigen The Bishops, dass sie mit zum Heißesten gehören, was es in der aktuellen Indie-Szene gibt.

© Holger Menzel

Nachts noch schöner: Die Waterloo Bridge.

Chris: **Camden Town** ist auch ein toller Ort, sich aufzuhalten, tagsüber oder auch nachts. Es sind dort immer eine Menge Leute unterwegs und die Geschäfte sind toll. Ich bin oft und gerne dort unterwegs. Tagsüber bietet die **Waterloo Bridge** eine der besten Möglichkeiten, die ganze Skyline Londons auf einen Blick zu sehen. Auch abends, wenn es dunkel wird, ist es ziemlich beeindruckend, sich die erleuchteten Fassaden anzuschauen. ▷ Waterloo Bridge | Karte S. 62-63, A1

▷ Carmden Town: www.camdentown.co.uk | Karte S. 92-93, E6

GALERIE

Peter: Ich hab an einer Kunst-Uni studiert und bin immer in irgendwelchen Minigalerien unterwegs gewesen. Ist schon eine Zeit her und

ich erinnere mich nicht mehr an all die Namen, weswegen ich mich für die **Tate Modern** entscheide, denn die ist echt beeindruckend. Auch noch positiv: Sie kostet keinen Eintritt.
Michael: Die Tate Modern ist eine der größten Galerien ganz Londons, voll mit zeitgenössischer Kunst und coolen Ausstellungen und dann noch gleich wunderschön an der Themse.
▷ Bankside; www.tate.org.uk | Karte S. 62-63, D2

Peter: Mir gefällt die **Whitechapel Gallery** auch noch ziemlich gut. Dort gibt es immer echt gute Ausstellungen mit moderner Kunst. ▷ 77-82 Whitechapel High St.; www.whitechapel.org | Karte S. 48-49, E6

RESTAURANT

Chris: Ich wohne in Ealing, in West-London. Um die Ecke bei mir ist die **Ealing Park Tavern**. Die bekommt in Kritiken immer ziemlich gute Bewertungen, weswegen ich sie euch für ein gutes Sonntagsessen empfehlen würde. Immer vorher einen Tisch bestellen! Die Speisekarte wechselt täglich, aber ihr bekommt dort immer traditionell britisches Essen. Das typische Sonntagsessen wäre dann wohl Roastbeef oder gebratene Hähnchenbrust, gebratenes Gemüse und zum Dessert ein Yorkshire Pudding, eine ziemlich ungesunde Backware.
▷ 222 South Ealing Road; www.ealingparktavern.com | Karte S. 86, D2

Peter: Wenn ich einmal ein bisschen Bargeld in meiner Tasche habe, was nicht sehr oft der Fall ist, dann gehe ich gerne zum Pakistaner **New Tayyabs** in Whitechapel. Dort gibt es das allerbeste Kahari, das ich je gegessen habe,

DER INDIE-GOURMET PETER EMPFIEHLT:

Zuerst solltet ihr euch im New Tayyabs eine gute Vorspeise bestellen, dann würde ich mir das **Curry Kahari Keema** aussuchen. Ohne Reis, einfach nur mit Brot und dazu einen großen **Lassi**. Guten Appetit.

Wenn ihr am Wochenende noch Geld habt, geht ins New Tayyabs.

und dazu noch zu einem ziemlich günstigen Preis. Während der Woche ist der Laden meistens knüppelvoll, aber am Wochenende kriegt man praktisch immer einen Platz. Sonst geht es da drin manchmal zu wie in einer Irrenanstalt. ▷ 83-89 Fieldgate St.; www.tayyabs.co.uk | Karte S. 48-49, E6

CLUB

Michael: Mein Lieblingsclub ist der **Tapestry Club** im **St. Aloysius Social Club** in King's Cross. Findet normalerweise einmal im Monat, ich glaube am letzten Freitag, statt. Da spielt dann jeden Monat eine tolle Band. Vor Kurzem hatten sie einen Blueser, der in Großbritannien gerade kurz vorm Durchstarten ist. Wer dort hingeht, zieht sich auch besonders gut an, um nicht negativ aufzufallen.

▷ 20 Phoenix Road; www.myspace.com/tapestryclub | Karte S. 24-25, E2

Chris: Das **KOKO** in Camden. Ein altes Theater, ein richtig schöner Veranstaltungsort, den sich der *NME* da für seine Clubnights ausgesucht hat. Ein edler Indieclub sozusagen.

▷ 1a Camden High Street; www.koko.uk.com | Karte S. 92-93, E6

© M. Kolb / M. Schreiner

KNEIPE/BAR

© The Intrepid Fox

Chris: Ich gehe am liebsten in **The Intrepid Fox**, einen Heavy-Rock-Pub der ganz besonderen Art! ▷ 15 St. Giles High Street; www.myspace.com/intrepidfox | Karte S. 24-25, E5

Michael: Mein Lieblingspub heißt **Two Floors** und liegt im schönen Covent Garden. Das erste Mal hat mich meine Freundin dorthin mitgeschleppt und seitdem bin ich oft da. Wie der Name schon sagt, geht die Bar über zwei Stockwerke. Was Drinks angeht, sind sie dort ziemlich weit vorne, so was Gutes bekommst du wirklich selten.
▷ 3 Kingly Street; www.twofloors.co.uk | Karte S. 24-25, E6

Peter: Es lohnt sich absolut, in **The Old Blue Last** in Shoreditch zu gehen. Dort ist es immer voll, es spielen richtig gute Bands im ersten Stock und der Eintritt von ungefähr drei Pfund ist auch nicht zu teuer.
▷ 38 Great Eastern Street; www.theoldbluelast.com | Karte S. 48-49, D4

© The Old Blue Last

Für nur 3 Pfund in der Menge baden: The Old Blue Last.

PLATTENLADEN

Michael: **Sister Ray** hat die größte Auswahl an Platten und ist dazu noch billiger als fast alle anderen Läden. Zudem haben sie richtig seltene Sachen und sind spezialisiert auf Platten aus den 50er- und 60er-Jahren.

▷ 34-35 Berwick Street | Karte S. 24-25, E5

© Holger Menzel

Chris: **HMV** ist der mit Abstand größte Plattenladen der Stadt, wo man alles, alles, alles auf CD findet – auch wenn es ein böser Major ist.

▷ 150 Oxford Street; www.hmv.co.uk | Karte S. 24-25, E5

Ein anderer empfehlenswerter Laden: **Fopp**. Da gibt es massenweise Plattenklassiker für nur fünf Pfund das Stück.

▷ 1 Earlham Street; www.fopp.com | Karte S. 24-25, F6

INDIE-TRAVEL-TIPP: WINDBEUTEL

Wenn du bei all dem Shoppen auf der Oxford Street mal eine (süße) Auszeit brauchst, dann darfst du auf keinen Fall an **Beard Papa's** vorbeigehen. Hier kannst du dir himmlischgute japanische Windbeutel frisch mit leckerem Sahnepudding in verschiedenen Geschmacksrichtungen füllen lassen. Ob Eclair-Windbeutel mit Cappuccino-Creme oder Crumblegebäck mit Vanillefüllung – hier haut dich alles geschmacklich vom Hocker! Am besten dazu einen Milchkaffee bestellen.

▷ 143 Oxford Street; www.beardpapa.co.uk | Karte S. 24-25, E5

Peter: Ich würde **Rough Trade East** in der Brick Lane sagen. Der Laden wurde neu eröffnet und ist der größte von allen. Besonders gut eignet sich Rough Trade für Neuerscheinungen, aber ihr findet dort auch alles andere.

▷ Old Truman Brewery, 91 Brick Lane; www.roughtrade.com | Karte S. 48-49, D6

© Rough Trade

Bigger, better, Rough Trade.

KLAMOTTENLADEN

Michael: In Camden gibt es einen richtig tollen Klamottenladen: **Episode**. Meine Schuhe sind von dort. Die Schuhe, meistens im Stil

der 60er, kosten da alle um die 20 Pfund. Außerdem gibt es noch nette dünne Krawatten für zwei bis drei Pfund, Hosenträger und Jacken, alles secondhand. Episode ist echt für seine Qualität bekannt.
▷ 26 Chalk Farm Rd.; www.episode.eu | Karte S. 92-93, E6

© Beyond Retro

Rock'n'Roll im Warenhaus: Beyond Retro.

Peter: **Beyond Retro** ist richtig gut. Sieht aus wie ein altes Warenhaus und ist voll mit Retro- und Secondhandklamotten für Jungs und Mädchen. Wir haben dort ein paar Instore-Gigs gespielt.
▷ 110-112 Cheshire Street; www.beyondretro.com | Karte S. 48-49, E4

Chris: **PPQ**. Momentan ist der Laden hauptsächlich für Frauen, aber sie haben so nach und nach auch Sachen für Männer im Angebot. Ein paar unserer Klamotten sind von dort. Wenn du eine Frau bist und die 60er-Jahre magst, dann ist PPQ dein Geschäft.
▷ 47 Conduit Street; www.ppqclothing.com | Karte S. 24-25, D6

SCHUHGESCHÄFT

Peter: Ich hab da keine besondere Vorliebe. Wenn ich auf dem **Camden Market** bin, gucke ich immer mal wieder nach Schuhen. Mein letztes Paar habe ich von dort. Die haben da richtig coole Leinenschuhe im Retrostil. ▷ Camden Town; www.camdenlockmarket.com | Karte S. 92-93, E6

© Markus Weber

Camden Market: Inside and outside.

Michael: **Sherry's** ist ziemlich gut. Da ist es sehr, sehr teuer, aber die Schuhe sind dafür auch sehr gut und sehen toll aus. Sehr schmale Schuhe im Stil der 60er.

▷ 24 Ganton Street bei der Carnaby Street 1; www.sherrys.co.uk | Karte S. 24-25, D6

BESONDERHEITEN

Michael: **Hamleys Toy Store** ist ein gigantisch großer Spielzeugladen, den ihr euch unbedingt anschauen müsst, wenn ihr in London seid. Unglaublich, was es dort gibt. Außerdem müsst ihr unbedingt im **Beigel Bake**, einem Bagel-Shop in der Brick Lane, vorbeischauen. Der Laden hat durchgehend geöffnet und verkauft selbst gemachte frische Bagels und Kuchen.

▷ Beigel Bake: 159 Brick Lane | Karte S. 48-49, E4

▷ Hamleys Toy Store: 188-196 Regent Street; www.hamleys.com | Karte S. 24-25, D6

Chris: **Forbidden Planet**. Ich geh da gerne hin, nur um mir alles anzuschauen, und habe noch nie was gekauft. Da gibts alles von Star Wars und Star Trek, diesen ganzen SciFi-Film-Plunder. Wer sich dafür interessiert, wird im Forbidden Planet einen Heidenspaß haben.

▷ 179 Shaftesbury Avenue; www.forbiddenplanet.com | Karte S. 24-25, F5

Peter: Im **Coffee@BrickLane** kann man hervorragend Pause machen, sitzen und sich unterhalten. ▷ 154 Brick Lane | Karte S. 48-49, E5

© Ross Ferguson

Der Süden ist der neue Norden von Alexander MacKenzie [Drummer von Official Secrets Act]

»Stockwell ist ein kleines fantastisches Londoner Viertel, das eingequetscht zwischen Brixton im Süden sowie Clapham und Vauxhall im Norden liegt. Die Gegend hat eine große portugiesische Gemeinde, und damit jede Menge Leckereien wie Puddingtörtchen anzubieten. Wenn wir in dem Haus, in dem ich mit Mike wohne, proben, essen wir die immer. Du kannst von dem Viertel aus auch zur Brixton Academy laufen, in der schon einige bedeutende Londoner Konzerte stattgefunden haben. Brixton ist auch eine Inspirationsquelle für so manch großartigen Song wie ›Guns Of Brixton‹ von The Clash bis hin zu ›Electric Avenue‹ von Eddy Grant. Auf der Electric Avenue sind sehr viele karibische Marktstände. Außerdem war sie die erste Straße in Großbritannien, die ans Stromnetz angeschlossen wurde. Daher kommt unser Albumtitel ›Understanding Electricity‹. Wir sind eindeutig große Fans vom Süden Londons. Für uns ist er definitiv ›der neue Norden‹!«

SEHENSWÜRDIGKEIT

Die Aussicht von der **Waterloo Bridge** – es gibt nichts Vergleichbares! Egal, wo du hinsiehst: ob westlich zum Parlamentsgebäude oder östlich in Richtung St. Paul's – man realisiert, dass man in einer der schönsten und größten Städte der Welt ist. Und plötzlich kommt einem dabei der Song ›Waterloo Sunset‹ in den Sinn und mit diesem Gedanken ist es noch einmal mehr ein fantastischer Ort.

▷ Waterloo Bridge | Karte S. 62-63, A1

Waterloo Bridge: Ausblick in östlicher Richtung.

MUSEUM

Davon gibt es in der Stadt schon fast zu viel Auswahl. Die Tate Galleries sind natürlich unumgänglich, so wie die National Gallery und die

National Portrait Gallery. Aber ich mag einfach das **British Museum** am liebsten. Es hat eine beeindruckende Fassade und der zentrale Innenhof ist ein Wunder der modernen Architektur. Im Museum selbst herumzulaufen und sich Dinge anzusehen, ist wie eine Zeitreise. Geschichte aus aller Welt ist dort förmlich greifbar. Du kannst dich darin wirklich für Stunden verlieren. Vielleicht ergeht es dir dann auch wie Ben Stiller in *Nachts im Museum* ... Ich liebe es, mit dem Gedanken zu spielen, dass, sobald die Sonne untergegangen ist und das Museum schließt, dort alle Exponate zum Leben erwachen! Dabei ist die Anwesenheit von Ben Stiller in meinen Gedanken aber eher optional.

© M. Kolb / M. Schreiner

▷ Great Russell Street; www.britishmuseum.org | Karte S. 24-25, F5

KNEIPE/BAR

Auch in dieser Rubrik gibt es in London für jeden Geschmack etwas Passendes. Die trendigsten und verrücktesten Pubs und Bars im Osten Londons sind sicher schon aufgezählt worden, sodass ich lieber unseren lokalen Pub erwähne: **The Grosvenor**. Das ist ein grandioser Pub auf der Grenze zwischen Stockwell und Brixton. Er ist eine waschechte Londoner Trinkhalle, die, wie Stockwell an sich, eine Menschenmixtur aus allen Altersklassen und Herkünften zu ihren Gästen zählt. Vom alten Stammtrinker bis hin zum hippen Youngster findest du hier jede Art von Mensch. Der Laden hat auch einen sehr guten Ruf für Livemusik. Die offene Jazz-Bühne am Montagabend ist einen Besuch wert, und das sage ich, obwohl ich mit Jazz nicht viel anfangen kann.

▷ 17 Sidney Road, Lambeth Palace | Karte S. 62-63, B6

NICHTS GEHEIMES VON OFFICIAL SECRETS ACT

Im 2. Weltkrieg spionierte der Opa von Schlagzeuger Alex MacKenzie für die britische Regierung. Beim Durchwühlen der Familiengeschichte stieß Alex so auf den heutigen Bandnamen Official Secrets Act. Mit Spionage hat das Quartett allerdings nichts am Hut, obwohl man ihnen gerne nachsagen kann, das hier und da bei ihren Idolen Talking Heads und David Bowie abgeguckt wurde.

CLUB

Ich mag die Clubnacht »White Light« unten im **Madame Jojo's** und »Bloody Awful Poetry«,

Das Gegenteil einer Lagerhallenparty: Madame Jojo's (links) und Punk (rechts).

die richtig typisch für den Club **Punk** ist. »Dance Magic Dance« im **Old Blue Last** macht auch höllisch viel Spaß! Aber für mich geht nichts über eine gute Lagerhallenparty. Die sind manchmal schwer ausfindig zu machen und es geht immer ein bisschen illegal und undergroundmäßig zu. Das Gefühl, mit dabei zu sein, ist aber einzigartig und speziell, eben typisch für London.

▷ Madame Jojo's: 8–10 Brewer Street; www.madamejojos.com | Karte S. 24-25, E6

▷ Punk: 14 Soho Street; www.punksoho.co.uk | Karte S. 24-25, E5

▷ The Old Blue Last: 38 Great Eastern St.; www.theoldbluelast.com | Karte S. 48-49, D4

RESTAURANT

Im **Ed's Easy Diner** bekommst du selbst gemachte Burger ohne Schnickschnack. In diesen sogenannten Gourmetrestaurants werden dir ja immer Messer und Gabel dazu gereicht und dann steckt da noch ein Zahnstocher drin, der alles vor dem Auseinanderfallen bewahren soll. Aber so was ist doch kein echter Burger, oder? So einen Schwachsinn gibt es bei Ed's auf keinen Fall! Die Aufmachung des Ladens ist im Stil der 50er und etwas kitschig – aber das bringt dich in die perfekte Stimmung. Vor allem die Milchshakes ziehen mich magisch an. Probier mal den Bananen-und-Erdnussbutter-Shake und sag mir dann, dass du fast gestorben bist.

▷ 12 Moor Street / Old Compton Street; www.edseasydiner.co.uk | Karte S. 24-25, F5/6

DER INDIE-GOURMET ALEX EMPFIEHLT:

Die portugiesischen Cafés und Tapasbars um Stockwell herum sind göttlich. Du wirst nirgendwo sonst im Land so leckere **Pastels de Nata** (portugiesisches Puddingtörtchen) finden, da geh ich jede Wette ein!

PLATTENLADEN

Die momentane wirtschaftliche Lage zwingt viele der guten alten Plattenhändler dazu, ihren Laden aufzugeben. Es ist wirklich schwer, ein gutes Geschäft zu finden. Meistens landest du dann bei **Fopp** oder **Rough Trade East**, die beide fabelhaft sind. Hier findest du Unmengen an Vinylscheiben, was für mich als Schallplattenfan besonders toll ist. Und die Belegschaft ist nachweislich und ohne Ausnahme musikbegeistert.

▷ Rough Trade East: 91 Brick Lane, Truman Brewery; www.roughtrade.com | Karte S. 48-49, D6

▷ Fopp: 1 Earlham Street; www.foppreturns.com | Karte S. 24-25, F6

INDIE-TRAVEL-TIPP: SUNDAY UP MARKET

Sonntags findet in der ehemaligen **Truman Brewery** der **Sunday Up Market** statt. Neben selbst geschneiderten Klamotten, künstlerisch verzierten Taschen, Schmuck, Kunst und Kleinkram bekommst du hier vor allem leckeres Essen aus allen Teilen der Welt. Der Markt hat zwischen 10 und 17 Uhr geöffnet.

▷ Ely's Yard, Old Truman Brewery; www.sundayupmarket.co.uk | Karte: S. 48-49, E5

KLAMOTTENLADEN

Alle Vintage- und Secondhandboutiquen um die Brick Lane herum sind spitze! **Beyond Retro** ist dabei ganz vorne. Aber geh auch mal zum **Brixton Market** – du wirst erstaunt sein, was dort alles zu finden ist.

▷ Beyond Retro: 110-112 Cheshire Street; www.beyondretro.com | Karte S. 48-49, E4

▷ Brixton Market: Electric Avenue; www.brixtonmarket.net | Karte S. 62-63, B6

SCHUHGESCHÄFT

Ich war schon seit einer Ewigkeit keine Schuhe mehr kaufen. Wenn ich mal wieder Schuhe brauche, zwingt mich meine düstere finanzielle Lage meist dazu, in einem Charityshop oder – ich wage es kaum zuzugeben – bei **TK Maxx** einzukaufen.

▷ Unter anderem: 26-40 Kensington High Street; www.tkmaxx.com | Karte S. 76, D6

BESONDERHEITEN

Für ein Landei wie mich ist der **Richmond Park** ein hervorragender Ort, um der Hektik der Großstadt für eine Weile zu entfliehen. Du kannst dort lange unter alten Eichen spazieren gehen und mit dem Rotwild, das dort lebt, »kommunizieren«.

▷ Richmond Park; www.royalparks.org.uk | Karte S. 86, D6

A
B
C
D
Victoria Embankment
1
Waterloo Bridge
Tate Modern
Bankside
South Bank
Bank unter der Waterloo Bridge
Hayward Gallery
Belvedere Road
Stamford Street
Southwark Street
Southwark Bridge Road
Borough High Street
2
Waterloo
Saatchi Gallery
County Hall, South Bank
Southwark
3
Borough Road
Anschluss: Seite 36-37
Imperial War Museum
Lambeth Road
Lambeth Road
New Kent Road
4
Kennington Road
Walworth Road
Kennington Lane
Lambeth
5
Kennington
Kennington Park Rd.
Walworth Road
Bonnington Café
11 Vauxhall Grove
Richtung:
The Windmill, 22 Blenheim Gardens
Brixon Academy, 211 Stockwell Road
Brixon Market, Electric Avenue
The Grosvenor, 17 Sidney Road
6
Richtung:
Joiners Arms

E
F
G
H
↑ Anschluss: Seite 48-49
Babyshambles / Roses Kings Castles
Fink
Ghosts
Good Shoes
Metronomy
Official Secrets Act
Red Light Company
The Bishops
The Boxer Rebellion
Travis
E. Smithfield
Tooley Street
Tower Bridge Road
Terra Plana
124 Bermondsey Street
Richtung:
Transport for London / Royal Observatory
Blackheath Avenue →
Jamaica Road
ong Lane
The Borough
Bermondsey
Grange Road
Elephant & Castle Shopping Centre
Southwark Park Road
Old Kent Road
Rotherhithe New Road
Richtung:
Horniman Museum, 100 London Road, Forest Hill
↓
Burgess Park
well

Gut zu Fuß in Raynes Park und Morden von Joel Cox [Gitarre & Bass bei den Good Shoes]

»Ihr glaubt wahrscheinlich, ihr kennt London in- und auswendig, aber die Ecken, die ich euch empfehle, findet ihr bestimmt in keinem Reiseführer.«

und Rhys Jones [Vocals & Guitar bei den Good Shoes]

»In Morden wohne ich seit ich denken kann. Hier haben wir unsere Band gegründet, jahrelang geprobt und angefangen zu touren. Morden ist der Mittelpunkt für unsere Band, unser Ort, der uns zu dem gemacht hat, was wir sind.«

SEHENSWÜRDIGKEIT

Joel: Ich habe mal eine Zeit lang im Süden Londons in Camberwell gewohnt. Und mein Lieblingsort da war das **Elephant & Castle Shopping Centre**. Mittlerweile ist beschlossen, dass es abgerissen wird und die ganze Gegend dort neu und schick wieder aufgebaut werden soll. Und genau deswegen möchte ich das Elephant & Castle Shopping Centre noch einmal erwähnen, denn es ist fantastisch hässlich und sieht richtig krank aus. So einzigartig, dass ich nur jedem empfehlen kann: Schaut es euch an, solange es noch steht.

▷ Elephant & Castle Station; www.elephantandcastle.org.uk | Karte S. 62-63, E4

Rhys: Im Song ›Morden‹ hab ich die Stadt ziemlich mies gemacht und nur die schlechten Ecken der Stadt erwähnt, dabei hat Morden durchaus auch schöne Seiten. Zum Beispiel den **Morden Park**, der im Sommer einfach unschlagbar ist. Du fühlst dich dort wie mitten auf dem Land – kleiner Tipp, in unserem Video zu ›Morden‹ ist der Park zu sehen. Der Musikpavillon dort ist auch sehr schön. Steve, Joel und ich waren dort sehr oft und haben mit einem Tennisball gegen die Wand

gekickt. Auch noch schön ist der Park **Cannon Hill Common** in der Nähe von Raynes Park und Morden. ▷ Morden Park | Karte S. 68, E6
▷ Cannon Hill Common | Karte S. 68, A4

Rhys: Das **Civic Centre** ist vielleicht das einzige »Wahrzeichen« in der Innenstadt, ein riesiges Gebäude, das du auch in unserem Video sehen kannst. Dort tagt der Stadtrat.
▷ London Road | Karte S. 68, D4

GALERIE / MUSEUM

Rhys: Ich bin ein richtiger Liebhaber moderner Kunst und oft in der **Saatchi Gallery** in London. Die **Tate Modern** mag ich auch sehr – da bin ich oft gewesen, als ich noch jünger war. In der Brick Lane ist auch noch eine ziemlich gute Galerie, aber der Name fällt mir grade nicht ein. Dort hängen eine Menge moderne Zeichnungen an den Wänden. Und dann gibt es ja auch noch diesen seltsamen Ort in Forest Hill, das **Horniman Museum**. Die haben dort tolle ausgestopfte Tiere. Ich habe für das Album eine Menge Tiere gezeichnet und mich im Horniman und auch im **Natural History Museum** in Kensington inspirieren lassen. Das Ergebnis seht ihr, wenn ihr euch das Artwork unseres ersten Albums anschaut.
Joel: Das Horniman Museum schaut sich normalerweise kein Tourist an. Dabei ist es wirklich großartig, denn dort gibt es einen Raum, der bis an die Decke mit Instrumenten vollgestopft ist, und wenn du willst, kannst du auch auf meinem Lieblingsinstrument, dem Hackbrett rumhacken, wenn du gerade mal keine Lust hast, dir die ausgestopften Tiere oder das große Aquarium anzuschauen.
▷ Saatchi: County Hall, South Bank; www.saatchi-gallery.co.uk | Karte S. 62-63, A3
▷ Tate Modern: Bankside | Karte S. 62-63, D2
▷ Horniman Museum: 100 London Rd., Forest Hill; www.horniman.ac.uk | Karte S. 62-63, F6
▷ Natural History Museum: 76-86 Cromwell Road; www.nhm.ac.uk | Karte S. 36-37, A3

NICHT ALLES AUSSER MORDEN

Aktiv gibt es die Good Shoes schon seit 2004, damals war die Band aber eine Art Hobbyprojekt von Rhys Jones und Steve Leach. Nach ersten Auftritten überredeten sie schnell Rhys Bruder Tom und den ehemaligen Klassenkameraden Joel Cox, der zwischenzeitlich die Band verlassen hat und durch Bob Matthews ersetzt wurde. Nach dem Debütalbum *Think Before You Speak*, auf dem sie stark an The Jam und The Futureheads erinnerten, steht ihr zweites Album gerade in den Startlöchern.

© Natural History Museum

Natural History Museum.

KNEIPE/BAR

Joel in Joiners Arms.

Joel: Mein Lieblingsclub in Raynes ist **Joiners Arms** in Camberwell. Hier trifft man unglaubliche Charaktere. Und auf keinen Fall eine Open-Mic-Nacht verpassen, denn dann sorgt garantiert die Band meiner Freundin, Pension Plan, für legendäre Stimmung.

▷ 35 Denmark Hill, Camberwell | Karte S. 62-63, D6

Und der zweifellos beste Pub in London findet sich in Brixton, ist gutzeklein und heißt **The Windmill**.

▷ 22 Blenheim Gardens; www.windmillbrixton.co.uk | Karte S. 62-63, B6

So sehen in London Windmühlen aus!?! The Windmill.

Rhys: Wenn wir zusammen mit Freunden ausgehen, dann meistens in **The Cavern** im Raynes Park. The Cavern hat einen starken Beatles-Bezug, in den Tischen liegen alte Eintrittskarten von Beatles-Konzerten, aber auch von Roxy Music und Bruce Springsteen. Ein fast perfekter Pub. Nur schade, dass sie keinen Billardtisch haben.

▷ 100-102 Coombe Lane, Raynes Park, London | Karte S. 68, A3

RESTAURANT

Rhys: Mein Lieblingsrestaurant ist **Mildreds** in Soho, ein veganes Restaurant. Ich hab ein paar sehr schöne Erinnerungen an dieses Gasthaus. ▷ 45 Lexington Street, London; www.mildreds.co.uk | Karte S. 24-25, E6

Joel: Das **Bonnington Café** in Vauxhall ist ein winzig kleines Restaurant, ziemlich schwer zu finden, aber immer knüppelvoll. Und das Verrückte:

© Anat Elhalal

Unzufrieden mit dem Essen? Dann koch doch selbst! Das Bonnington Café.

Jeden Abend kocht ein anderer Koch, weil die Küche auf freiwilliger Basis betrieben wird, sprich: Jeder, der will, kann sich dort bewerben, um einmal in der Woche »Chef de Cuisine« zu sein!

▷ 11 Vauxhall Grove; www.bonningtoncafe.co.uk | Karte S. 62-63, A6

CLUB

Joel: Wenn ihr Lust auf eine gute Party habt und richtig gute Bands hören wollt, dann empfehle ich euch **Young And Lost Club / The Parlour**. The Parlour gehört meiner Lieblingsband, den Xerox Teens. Die Mädels im Young and Lost Club schaffen es immer irgendwie, die aufregendsten neuen Bands in verschiedenen Locations in ganz London auftreten zu lassen.

▷ www.myspace.com/youngandlostclub

KLAMOTTENLADEN/SCHUHGESCHÄFT

Rhys: Wir kaufen ausschließlich Secondhandklamotten. Morden ist ein ziemliches Paradies, was Secondhandshops angeht. Und dann bin ich auch noch bekannt für meine Band-T-Shirt-Kollektion.
Joel: Den Großteil meiner Klamotten kaufe ich auch in **Charityshops**. Das tollste in England überhaupt sind diese Secondhandläden! Eine große Auswahl dieser Geschäfte findest du, wenn du die Walworth Road zwischen Camberwell Green und Elephant and Castle runtergehst.

▷ Walworth Road | Karte S. 62-63, C5

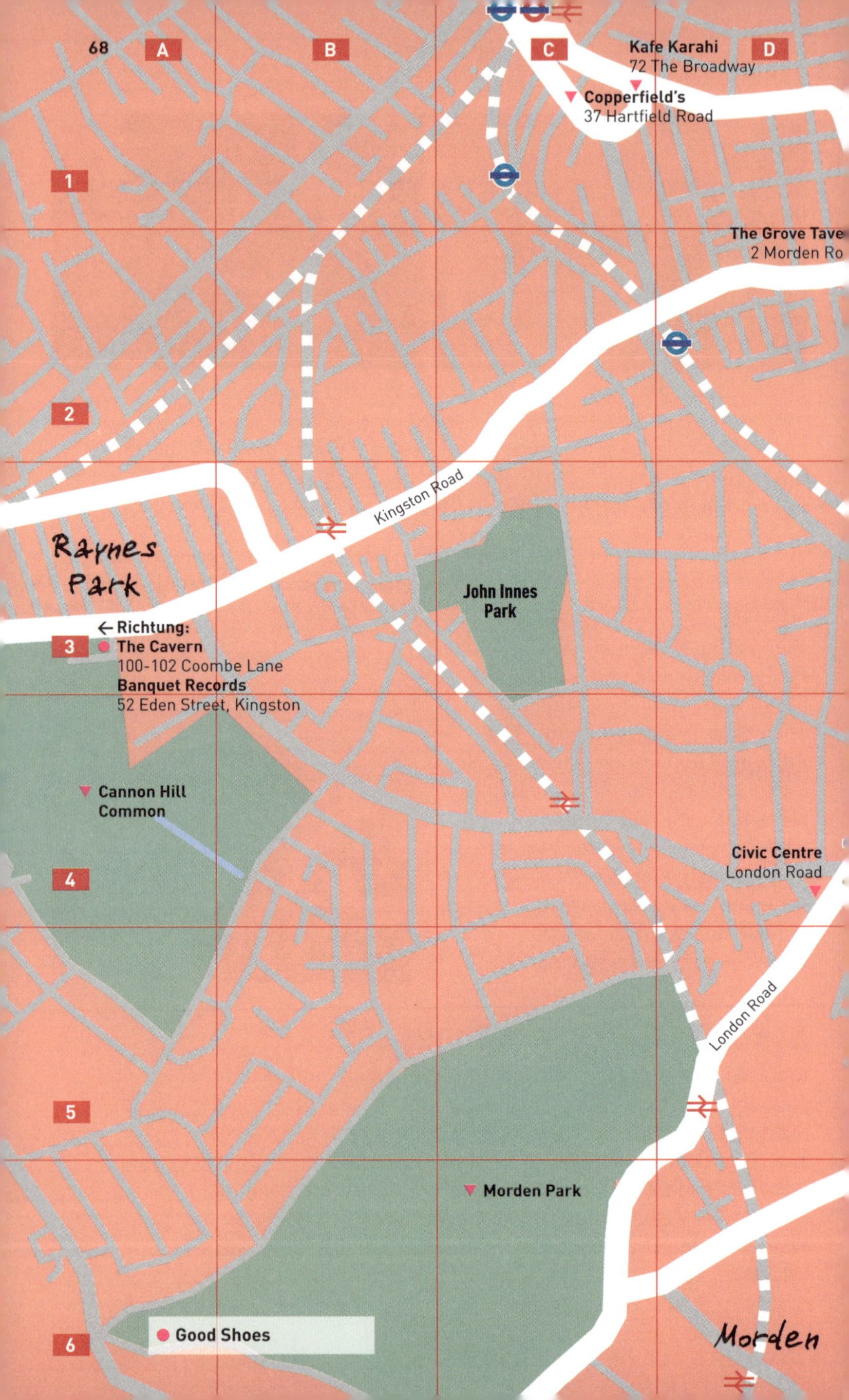
A
B
C
D
1
2
3
4
5
6
Kafe Karahi
72 The Broadway
Copperfield's
37 Hartfield Road
The Grove Tave
2 Morden Ro
Kingston Road
Raynes Park
John Innes Park
← Richtung:
The Cavern
100-102 Coombe Lane
Banquet Records
52 Eden Street, Kingston
Cannon Hill Common
Civic Centre
London Road
London Road
Morden Park
Good Shoes
Morden

Sucht ihr Support? Geht zu Banquet Records in Kingston.

PLATTENLADEN

Rhys: **Banquet Records** ist unser Lieblingsplattenladen. Die unterstützen uns wo und wie sie nur können, machen Werbung für unsere Singles und helfen uns bei unseren Auftritten. Banquet Records ist ein absolut unabhängiger Plattenladen. Dazu gehört auch noch ein Club, der gerade erst aufgemacht hat: New Slang.

▷ 52 Eden Street, Kingston; www.banquetrecords.com | Karte S. Karte S. 68, A3

BESONDERHEITEN

Joel: Am Ende deiner Entdeckungsreise durch den Süden Londons empfehle ich einen Besuch im **Battersea Dogs and Cats Home**. Sei darauf vorbereitet, dass dich dieser Besuch etwas deprimieren wird. Wenn du richtig mutig bist, dann schau dir im obersten Stockwerk den Raum an, in dem die furchterregenden großen bösen Hunde sind ... und nimm einen von denen mit zu dir nach Hause! ▷ 4 Battersea Park Road; www.battersea.org.uk | Karte S. 36-37, E6

Und dort kannst du deinem Hund dann, während du in einem im besten Buchladen Londons, im **Copperfield's**, gekauften Buch schmökerst, den Pelz kraulen. Copperfield's findest du in Wimbledon, direkt neben dem Kino.

▷ 37 Hartfield Road | Karte S. 68, C1

KURZTIPPS IN SOUTH WIMBLEDON VON GITARRIST STEPHEN LEACH:

MUSEUM
Victoria & Albert Museum
▷ Cromwell Road; www.vam.ac.uk | Karte S. 36-37, A3

KNEIPE/BAR
The Grove Tavern
▷ 2 Morden Road; www.thegrovetavern.com Karte S. 68, D2

RESTAURANT
Kafe Karahi
▷ 72 The Broadway | Karte S. 68, C1

KLAMOTTENLADEN
Scope
▷ 69 St. John's Road | Karte S. 36-37, E6

SCHUHLADEN
Oxfam
▷ Hackney Road | Karte S. 48-49, D3

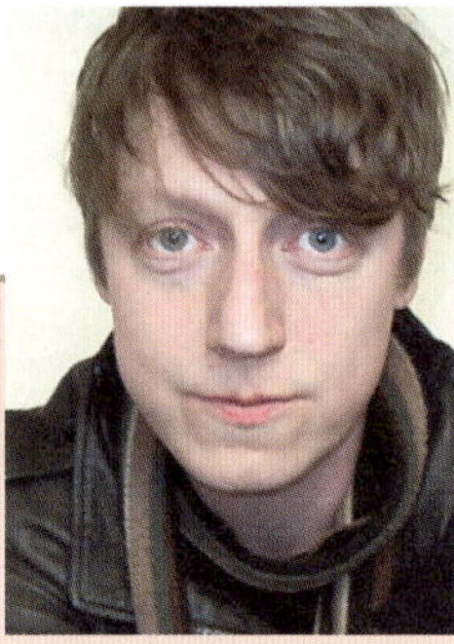

One Night in London von Douglas Payne [Bassist von Travis]

»Ich wohne zwischen den Stadtteilen Hampstead und Notting Hill im Nordwesten Londons. Die Gegend ist sehr nett: Es gibt den Queen's Park, ein kleiner Park, der sozusagen der Mittelpunkt des Ganzen ist. In meiner Gegend fühlt es sich – eher untypisch für eine Großstadt wie London – so an, als ob man irgendwo in einem kleinen Ort leben würde. Andererseits kann man aber von dort aus ziemlich schnell in die Innenstadt gelangen. Es ist sehr familienfreundlich und man denkt gemeinschaftsbezogen, was für Londoner Verhältnisse auch eher ungewöhnlich ist. Alle möglichen Interessensfelder werden in meiner Gegend abgedeckt. Man kann binnen 15 Minuten mit der U-Bahn in der Stadt sein oder den Portobello Road Market und das wunderschöne Notting Hill zu Fuß erreichen.«

SEHENSWÜRDIGKEIT

Nachts über die Vauxhall Bridge von Süden nach Norden zu fahren ist großartig. Einer der Aspekte, die es so aufregend machen, in London zu leben. Wenn man nachts von Süden her kommend irgendeine Brücke am Stadtrand überquert, hat man einen atemberaubenden Ausblick auf die Skyline. Man kann Gebäude wie Westminster Abbey, das Parlament, Big Ben und die Saint Paul's Kathedrale oder sogar das London Eye wundervoll beleuchtet sehen. Das Panorama, das du von den Brücken aus geboten bekommst, ist wunderbar. Es ist beständig und verlässlich darin, dir zu zeigen, warum London so eine fantastische Stadt ist. Mein Neffe war neulich zu Besuch bei uns und wir haben besagte Fahrt über die Vauxhall

Bridge gemacht. Er war total begeistert. Es gibt eine ganze Reihe Brücken, die über die Themse in die Stadt führen, aber ich empfehle die Vauxhall Bridge für solch eine Aktion. Die Fahrt in der Nacht zu machen, ist fantastisch. Der Ausblick aus dem Auto auf die Stadt macht die Sache so toll. Und wenn du dann die Brücke überquert hast und in der Stadt angekommen bist, dann bläht sich ganz London plötzlich direkt vor dir auf, was ziemlich beeindruckend ist. Ich habe einen Freund, der in Stockwell, Brixton, lebt. Die Fahrt von ihm bis zu mir ist lang und dauert etwa eine Stunde. Das mal nur am Rande erwähnt, um dir einen Eindruck zu geben, wie groß London eigentlich ist. ▷ Karte S. 36-37, H5

GALERIE

© Richard Haughton

In der **Hayward Gallery** habe ich bislang zwei meiner Lieblingsausstellungen gesehen. Die letzte war eine Retrospektive zu Andy Warhol, die mehr als fantastisch war. Sie haben Dinge von ihm gezeigt, die man zuvor noch nie sehen konnte, wie beispielsweise diese 15-minütigen Filmausschnitte, die auf verschiedenen Monitoren und Leinwänden abgespielt wurden. Sie hatten dort eine wirklich beeindruckende Vielzahl an Kunstwerken. Die Douglas-Gordon-Ausstellung fand ich auch sehr beeindruckend. Die Exponate waren sehr gut ausgewählt. Die Hayward Gallery ist ein interessanter Platz, um sich Kunstausstellungen anzusehen. Sie zeigen sehr oft Arbeiten von bekannten Contemporary-Art-Künstlern.
▷ Southbank Centre, Belvedere Road; www.haywardgallery.org.uk | Karte S. 62-63, A2

Die **Gagosian Gallery** ist auch sehr empfehlenswert. Das Interessante ist, dass es diese Galerie, die mit verschiedenen Ausstellungsräumen in New York ansässig ist, auch in Hong Kong, L. A. und Rom gibt – und eben zwei Mal in London. Vor einiger Zeit war die Gagosian Gallery noch in der Heddon Street ansässig. Die Straße liegt hinter der Regent Street, und dort vor der Heddon Street Nummer 23 wurde das Albumcover von David Bowies *Ziggy Stardust* geschossen. Exakt dort stand Bowie unter dem »K. West«-Schild an der Tür zur Galerie. Das ist doch wirklich eine coole Sehenswürdigkeit! Die große Gagosian Gallery findest du in der Britannia Street, in der Nähe vom King's Cross. Vor ein paar Monaten habe ich mir dort die Tom-Friedman-Ausstellung angesehen. Er ist einer meiner liebsten zeitgenössischen Künstler. Die Ausstellung war beeindruckend. Die Leute, die in der Galerie arbeiten, sind

> **TRAVIS: SCHOTTISCHE INSPIRATIONSQUELLE**
>
> Vom Geheimtipp und der Lieblingsband Noel Gallaghers mauserten sich die vier sympathischen Schotten von ihrem 1997er-Debütalbum *Good Feeling* über fünf weitere Alben hin zum 2008er *Ode To J. Smith.* Ihr Radiohit ›Why Does It Always Rain On Me?‹ kennt mittlerweile jedes Kind. Da ist es auch nicht verwunderlich, dass der Pop von Travis berühmte Musikerseelen wie Amy McDonald oder Chris Martin erst dazu bewogen hat, zur Klampfe zu greifen.

allesamt super und bestens informiert. Sie machen immer gut durchdachte Ausstellungen in den wunderschönen Räumen der Galerien.
▷ 6–24 Britannia Street & 17-19 Davies Street; www.gagosian.com | Karte S. 24-25, G2 + C6

KNEIPE/BAR

Mein lokaler Pub ist **The Salusbury**. Der Pub ist klein, großartig und verkauft gutes Bier. Was auch nicht zu verachten ist: Die machen dort auch gutes Essen. Sie haben vor einiger Zeit den Koch gewechselt und der neue macht echt leckere Gerichte. Im Salusbury gibt es zudem eine sehr gute Weinkarte. Meistens läuft Reggae im Hintergrund und an der Wand hängen tolle Bilder aus den 70ern und 80ern, die unter anderem die Portobello Road und Notting Hill zeigen. Es gibt allerdings weder eine Jukebox noch einen Spielautomaten. Man geht einfach in diesen Pub, um zu reden, zu trinken und Spaß in einer sehr netten Umgebung zu haben.
▷ 50-52 Salusbury Road | Karte S. 92-93, A6

Ich kann noch einen ähnlichen Pub in Hampstead empfehlen: **The Holly Bush**. Ich habe sechs Jahre lang in Hampstead gewohnt. The Holly Bush liegt direkt auf der Anhöhe des Stadtteils Hampstead und ist seit mehr als 300 Jahren ein Trinklokal. Er ist alleine deshalb schon legendär, weil er in der weiten Vergangenheit einige Autoren und Poeten zu seinen Gästen zählen konnte. Der Pub ist immer ziemlich gut besucht und trumpft außerdem mit einem Kamin auf. Im Winter gibt es nichts Schöneres, als dort hineinzugehen, sich am Feuer zu wärmen und ein Pint Guinness zu trinken. ▷ 22 Holly Mount; www.hollybushpub.com | Karte S. 92-93, A3

CLUB

Im **Dublin Castle** haben wir unser allererstes Konzert in London gespielt. Die Bühne dort ist winzig klein – in etwa so groß wie ein Tisch und sie ist in eine Ecke des Raums gezwängt. Wir sind vor nicht allzu langer Zeit dorthin zurückgekehrt, um ein kleines Konzert zu spielen. Ich freu mich, dass Orte wie diese immer noch bei den Leuten ankommen.
Die Konzerte finden im Hinterzimmer des Pubs statt und trotzdem

spielt jeder gerne dort. Wenn du dir die Wände im Dublin Castle genau ansiehst, wirst du eine Reihe von unterschriebenen Utensilien entdecken von Bands, die mittlerweile sehr etabliert sind und irgendwann einmal in ihren Anfängen dort gespielt haben. Dieser Ort ist magisch und hat einen ganz speziellen Vibe. Wenn du Mitte der 90er auf Britpop gestanden hast, hättest du genau dort hingehen müssen, um ein wenig »Star-Schau« zu betreiben, weil das Dublin Castle damals wie auch heute noch ein guter Ort für die Indie-Szene ist.

Alle Fotos: © M. Kolb / M. Schreiner

▷ 94 Parkway; www.thedublincastle.com | Karte S. 24-25, D1

RESTAURANT

J. Sheekey ist ein gutes Fisch-Restaurant am Saint Martins Court in der Theatergegend zwischen Leicester Square und Covent Garden. Das ist definitiv der Ort, an dem ich in London am häufigsten essen gehe. Viele Schauspieler gehen dort auch gerne hin, was man an den vielen Bildern von ihnen an den Wänden sehen kann. Das Restaurant ist putzig und sehr old-school und die Atmosphäre sehr relaxed. Die Angestellten dort sind allesamt sehr freundlich und das Essen ist unglaublich lecker. Die Weinkarte ist auch nicht zu verachten. Angrenzend an das Restaurant gibt es seit einiger Zeit auch eine Austernbar, die saisonale Gerichte mit Meeresfrüchten anbietet.

Saisonale Gerichte: J. Sheekey-Austernbar.

▷ 28-32 St. Martin's Court; www.j-sheekey.co.uk | Karte S. 24-25, F6

The Quality Chophouse liegt in der Nähe vom Exmouth Market. Sie beschreiben ihre Küche selbst als »progressive working class cuisine«. Das heißt, dass du dort Speck und Eier mit einer Flasche gutem Champagner serviert bekommen kannst. Die haben wirklich großartige Gerichtkombinationen auf ihrer Speisekarte. Das Essen ist sehr traditionell britisch und schmeckt hervorragend in einer interessanten, rustikalen Umgebung.

▷ 92-94 Farringdon Road; www.qualitychophouse.co.uk | Karte S. 24-25, H3

INDIE-TRAVEL-TIPP: PLATTENLADEN

Bei **Honest Jons Records** bekommst du ausschließlich Platten aus den Genres Jazz, Soul, Funk, Folk und Weltmusik. Der Laden betreibt in Kooperation mit Blur-Frontmann Damon Albarn ein eigenes Plattenlabel, um der breiten Masse außergewöhnliche Musik näherzubringen.
▷ 278 Portobello Road www.honestjons.com | Karte S. 76, B3

PLATTENLADEN

Ich bin ein großer Fan von Vinyl. Wenn du nicht auf den Märkten in Camden oder auf der Portobello Road Ausschau nach Platten halten willst, dann ist **JB's** auf jeden Fall einen Besuch wert. Du kannst dort eine Menge verborgener Vinylschätze finden. Es werden sowohl Secondhandplatten als auch neue Scheiben verkauft. Ich hab dort schon die ein oder andere Rarität gefunden. ▷ 36 Hanway Street; www.myspace.com/jbsrecords | Karte S. 24-25, E5

KLAMOTTENLADEN

Browns Fashion verkaufen Männer- und Frauenmode von allen möglichen Designern. Sie haben vor ein paar Jahren mit dem Geschäft auf der South Molton Street angefangen und haben über die Jahre expandiert, sodass sie nun mehrere Läden in London betreiben.
▷ 24-27 South Molton Street; www.brownsfashion.com | Karte S. 24-25, C5/6

SCHUHGESCHÄFT

Die South Molton Street ist ein guter Ort, wenn du auf der Suche nach Klamotten bist. Wenn ich nach neuen Schuhen suche, gehe ich immer zu **Poste**. Ich liebe anständige Boots – solche, die gut aussehen und von denen man lange was hat. Wenn du auch auf der Suche nach ein paar guten Stiefeln bist, dann guck definitiv mal bei Poste vorbei! ▷ 10 South Molton Street; www.friendsofposte.com | Karte S. 24-25, C5/6

BESONDERHEITEN

© M. Kolb / M. Schreiner

Den **Portobello Market** habe ich erst vor Kurzem ins Herz geschlossen, weil ich nun weiter westlich wohne. Der ist absolut fantastisch, denn hier kannst du alles von Kleidung bis hin zu Kunst finden. Aber auch Vinylplatten und großartige Militärmäntel, wie ich sie derzeit gerne trage. Der Markt ist interessant, aufregend und pulsierend. Wenn du dich an einem Samstag dorthin verirrst, wirst du viele interessante Sachen finden. Und jetzt kommt noch ein »geschichtlicher« Aspekt, der für ihn spricht: Er befindet sich unterhalb des Westways, was mich an die The-Clash-Doku *Westway To The World* erinnert. Und da schließt sich auch der Kreis, denn Paul Simonon hat dort sein Kunstatelier.

▷ Portobello Road; www.portobelloroad.co.uk | Karte S. 00-00, 00

Der **Queen's Park Farmers' Market** findet nur sonntagmorgens statt. Ich kann diesen Markt wärmstens empfehlen, wenn du gutes Essen wie frischen Fisch und Gemüse einkaufen willst. ▷ Salusbury Primary School, Salusbury Road; www.lfm.org.uk/queens.asp | Karte S. 92-93, A6

© Alfie's Antiques

Alfie's Antiques – für Jäger und Sammler!

In **Alfie's Antiques** kann man sich wirklich verlieren. Das ist die größte Markthalle Londons für Antiquitäten, Sammler- und Designstücke. Ich könnte dort stundenlang bummeln. Freitags und samstags ist der Markt voll von Ständen, bestimmt 200 reihen sich die ganze Straße entlang auf, um ihre Waren wie Lebensmittel, Spielsachen, elektrische Geräte und mehr anzubieten. Die Markthalle hat Donnerstag bis Sonntag geöffnet – aber der beste Tag ist und bleibt der Samstag.

▷ 13-25 Church Street; www.alfiesantiques.com | Karte S. 24-25, A3/4

In der Gegend von Alfie's Antiques findest du auch **The Sea Shell**, ein toller Fish'n'Chips-Laden. Sie haben einen sehr guten Ruf und machen das vielleicht beste Fish'n'Chips im Norden Londons.

▷ 49-51 Lisson Grove; www.seashellrestaurant.co.uk; | Karte S. 24-25, A4

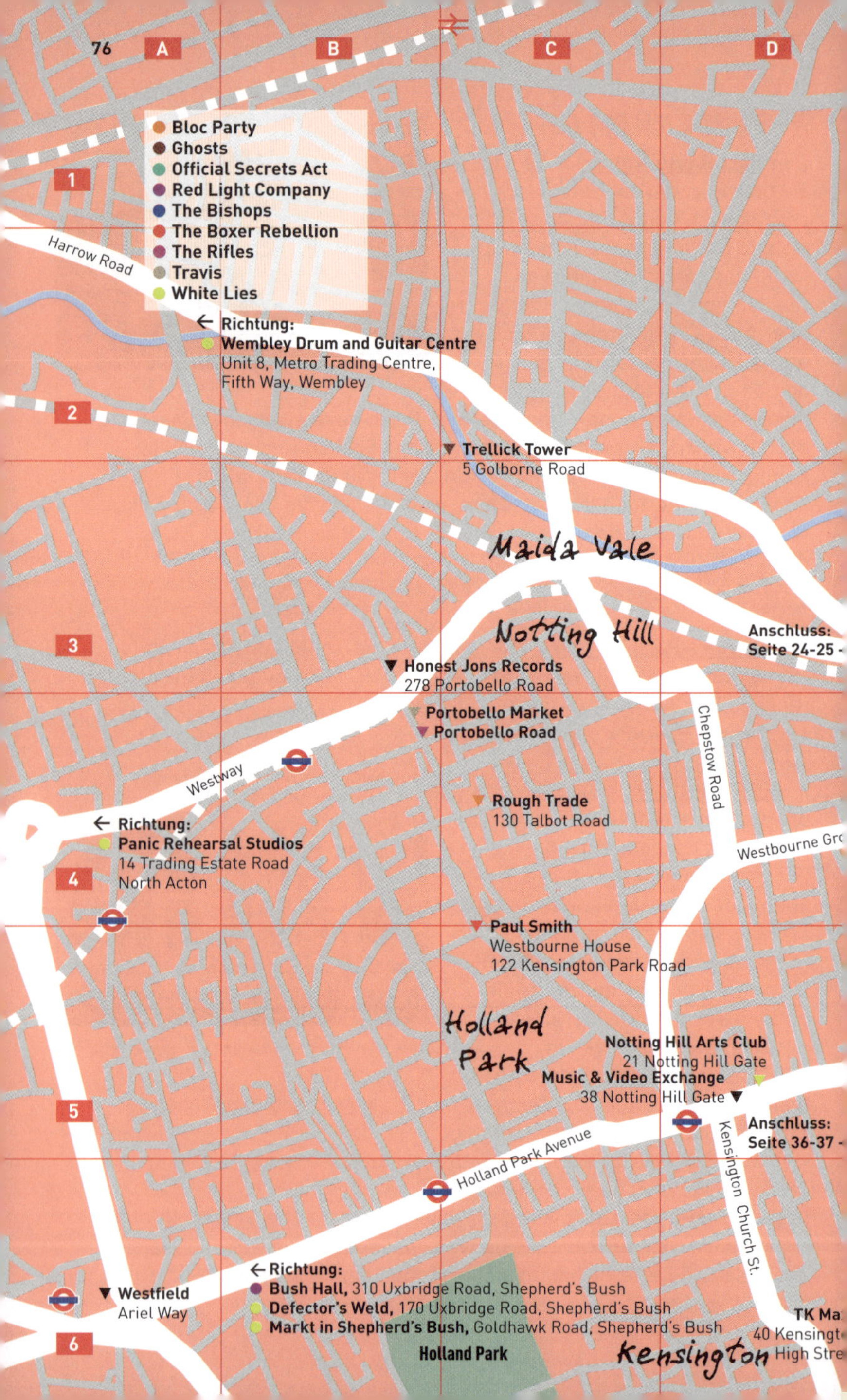
A
B
C
D
Bloc Party
Ghosts
Official Secrets Act
Red Light Company
The Bishops
The Boxer Rebellion
The Rifles
Travis
White Lies
1
Harrow Road
Richtung:
Wembley Drum and Guitar Centre
Unit 8, Metro Trading Centre,
Fifth Way, Wembley
2
Trellick Tower
5 Golborne Road
Maida Vale
Notting Hill
Anschluss:
Seite 24-25
3
Honest Jons Records
278 Portobello Road
Portobello Market
Portobello Road
Chepstow Road
Westway
Rough Trade
130 Talbot Road
Richtung:
Panic Rehearsal Studios
14 Trading Estate Road
North Acton
Westbourne Gro
4
Paul Smith
Westbourne House
122 Kensington Park Road
Holland Park
Notting Hill Arts Club
21 Notting Hill Gate
Music & Video Exchange
38 Notting Hill Gate
Anschluss:
Seite 36-37
5
Kensington Church St.
Holland Park Avenue
Richtung:
Bush Hall, 310 Uxbridge Road, Shepherd's Bush
Defector's Weld, 170 Uxbridge Road, Shepherd's Bush
Markt in Shepherd's Bush, Goldhawk Road, Shepherd's Bush
Westfield
Ariel Way
6
Holland Park
Kensington
TK Ma
40 Kensingt
High Stre

Endstation Ealing
von Jack Brown und Charles Cave [White Lies]

Jack: »Ealing liegt an der Endstation der Central Line im Westen Londons. Man braucht 20 Minuten, um mit der Bahn von der Innenstadt nach Ealing zu gelangen. Dort ist es vorstädtisch und es passiert nicht viel. Trotzdem hat man guten Anschluss an Shepherd's Bush und Notting Hill, wo es eine Menge Ausgehmöglichkeiten gibt. Ich finde, dass der ganze Westen Londons ziemlich klasse zum Leben ist.«

SEHENSWÜRDIGKEIT

© Royal Botanic Gardens, Kew

Jack: Die **Kew Gardens** sind die königlichen Gärten, die nicht weit von Ealing entfernt liegen. Diese Grünanlage wurde Ende des 19. Jahrhunderts angelegt. Es gibt dort riesige Gewächshäuser, in denen sogar ein kompletter Regenwald gedeiht. Es ist einer der wenigen Orte in London, die man hegt und pflegt. Die Gärten sind wirklich beeindruckend und einen Besuch wert.

Charles: Das Beste an den Kew Gardens ist, dass sie jährlich um die Weihnachtszeit für etwa drei Wochen einen Weihnachtsmann in eines der Gewächshäuser setzen – das war zumindest als Kind die schönste Zeit da. Das Ganze ist nicht so künstlich, wie man es sonst von Einkaufszentren gewohnt ist, die übertreiben es immer mächtig. In Kew haben sie dann stets verschiedene Themen, wie beispielsweise einmal »Ali Baba und die vierzig Räuber«. Damals haben sie ein ganzes Gewächshaus in eine Höhle verwandelt und verschiedene Dinge an die Wände gehängt, was fantastisch ausgesehen hat, aber sehr teuer gewesen sein muss. Außerdem sind dort einige Leute als arabische Diebe verkleidet herumgelaufen. Du konntest dich hinsetzen und zuhören, wie jemand eine schöne Geschichte über Ali Baba vorlas. Danach bist du durch einen Vorhang gegangen und hast Schokotaler und andere Kleinigkeiten vom Weihnachtsmann bekommen. Für Kinder ist das echt eine tolle Sache.

▷ Kew Road, Richmond; www.kew.org | Karte S. 86, C3

MUSEUM

Charles: Im **Musical Museum** geht es nicht um Dinge wie Noten und die Geschichte der Musik. Das Museum stellt Instrumente aus, die mechanisch angetrieben werden, bzw. solche, die automatisch spielen. Sie funktionieren wie diese altmodischen Musikboxen, in die man eine Münze wirft und die dann von alleine spielen. Manche dieser Maschinen in dem Museum sind ziemlich ausgeklügelt. Hier sind auch echte Raritäten ausgestellt wie eine riesige Wurlitzer Orgel, die mindestens über drei Tastenreihen und zwei verschiedene Level an Pedalen verfügt. Das Museum ist wirklich erstaunlich – besonders, wenn du es an einem ruhigen Tag besuchst. Es wird von einem sehr alten Herrn betrieben. Mein Vater und ich waren einige Male gemeinsam dort und jedes Mal war dieser alte Mann auch da. Es ist großartig, wenn er dich durch das Museum führt und sogar das eine oder andere Instrument spielen lässt. Leider liegt das Museum etwas außerhalb. ▷ 399 High Street, Brentford; www.musicalmuseum.co.uk | Karte S. 86, D1

VON POP ZU NEW WAVE: WHITE LIES

Früher hießen sie Fear Of Fyling und spielten Pop – bis auf einmal der Sinneswandel kam und morbide, schwermütige Stücke auf der Tagesordnung standen und durch düstere Songtexte untermauert wurden. Mit diesem emotionalen und intensiven Sound schlugen die White Lies dann aber voll ein und wurden Anfang 2009 mit ihrem Debütalbum *To Lose My Life* als DAS neue Ding aus UK gehandelt. Live werden die drei ehemaligen Schulkameraden vom Ex-Mumm-Ra-Keyboarder Tommy B. an den Tasten unterstützt.

Das **Kew Bridge Steam Museum** liegt fast neben dem Musical Museum. Hier kannst du alles über Dampfmaschinen, Druckkessel und Dampfloks erfahren. Und eine Abteilung widmet sich nur dem Wasser in seinem täglichen Gebrauch. Im Garten fährt sogar von Zeit zu Zeit die museumseigene Bahn herum.
▷ Green Dragon Lane, Brentford; www.kbsm.org | Karte S. 86, D1

Das Musical Museum (links) und das Kew Bridge Steam Museum (rechts).

KNEIPE/BAR

© M. Kolb / M. Schreiner

Jack: In Ealing direkt kann ich keinen Pub so wirklich empfehlen. Da lohnt es sich schon eher, etwas weiter mit der Bahn zu fahren zum **Defector's Weld** in Shepherd's Bush Green. Der Pub ist noch ziemlich neu. Er ist sehr schön eingerichtet und bietet ziemlich leckeres Pub-Food an. Manchmal gibt es dort auch Livemusik und die Atmosphäre ist echt angenehm. Das Publikum ist jünger als in traditionellen Pubs. Es ist relativ bequem, dort hinzukommen, da er in der Nähe einer Bahnstation ist und zudem direkt neben dem Shepherd's Bush Empire liegt. Wenn du vorhast, dir ein Konzert dort anzusehen, dann ist das Defector's Weld der naheliegendste und beste Ort, sich vorher schon mal warmzutrinken.

▷ 170 Uxbridge Road, Shepherd's Bush; www.defectors-weld.com | Karte S. 76, B6

CLUB

Jack: Der **Notting Hill Arts Club** ist eine echt coole Kellerlocation. Sie bieten einen vielseitigen Mix aus Clubnächten wie die bekannte Post-Punk-Nacht »Death Disco«, die Alan McGee und Danny Watson vor Jahren etabliert haben. Dann gibt es noch einen Clubabend namens »YoYo«, der auch sehr beliebt ist und jeden Dienstag stattfindet. Es läuft HipHop, aber der Abend ist ganz lustig gemacht und jeder ist hier willkommen. In der Location spielen oft auch tolle Bands. Dorthin sind wir zum Feiern gegangen, nachdem wir unseren Plattenvertrag unterschrieben hatten. Wir waren zuerst schön abendessen und sind anschließend im Notting Hill Arts Club eingefallen, wo wir für etwa sechs Stunden gesoffen haben. Das Gute an dem Laden ist, dass sie dir die doppelte Menge Alkohol in deinen Drink mischen. Wenn du also nach einem einfachen Schoppen fragst, bekommst du sozusagen immer die zweifache Portion. Das ist cool – du wirst einfach schneller voll.

▷ 21 Notting Hill Gate; www.nottinghillartsclub.com | Karte S. 76, D5

© Notting Hill Arts Club

Leo, Ms Dynamite & Seb im Arts Club.

RESTAURANT

Charles: **The Blue Ocean** ist unser örtlicher Fish'n'Chips-Laden. Das Essen ist zwar nicht das beste, das ich je hatte, aber es kommt nah dran – speziell für einen einheimischen Laden ist das durchaus bemerkenswert! Das einzig Blöde daran ist, dass sie gerne mal spontan geschlossen haben und die Betreiber im Urlaub sind. Da kann es dir also passieren, dass du so richtigen Heißhunger auf Fish'n'Chips hast, dich dorthin begibst und dann ein Schild vor der Nase hast, auf dem steht: »Wir sind für einen Monat auf Zypern!« Das nervt dann ...
Jack: Der Laden wird von einem jungen Typen betrieben, der im Gesicht schon einige kleine Narben vom herumspritzenden Pommesfett hat. Das nennt man echten Arbeitseinsatz, würde ich sagen! An diesem Ort habe ich einige Zeit meiner Jugend verbracht. Der Laden liegt direkt am Ende unserer Straße. Ich würde dort immer wieder einen klassischen Kabeljau mit Pommes essen – der ist einfach top!
Charles: Ich bevorzuge die Scholle, die ist mein Lieblingsfisch.
▷ 151 Pitshanger Lane, Ealing | Karte S. 86, D1

PLATTENLADEN

© M. Kolb/M. Schreiner

Jack: **Oxfam Music & Audio** ist einer der coolsten Läden in unserem Stadtteil. Es gibt nur noch ganz wenige Oxfam-Musikläden in London. Alle verkaufen ihre Waren, wie andere Oxfamshops, für wohltätige Zwecke. Das Geschäft in Ealing ist toll, denn in der Gegend wohnen offensichtlich drei oder vier Musikjournalisten, die Tausende von CDs zum Rezensieren bekommen und alle paar Monate eine Ladung davon zu Oxfam Music bringen, die man anschließend für wenig Geld dort erstehen kann. Insbesondere die Abteilung mit den Singles ist großartig. Die haben dort ein großes Regal, an dem du dich mindestens eineinhalb Stunden damit aufhalten kannst, neue Bands zu entdecken und CDs herauszupicken, die du im Dreierpack für 99 Pence bekommst. Das ist himmlisch!
Charles: Die Platten sind leider nicht alphabetisch sortiert, sodass du eine Stunde oder mehr einplanen solltest, um dich durch die Massen an Musik zu arbeiten. Das kann manchmal frustrierend sein, aber ich habe auf diese Art und Weise schon einige tolle Schallplatten gefunden.
▷ 23 Ealing Green, Ealing; www.oxfammusicealing.co.uk | Karte S. S. 86, D1

KLAMOTTENLADEN/SCHUHGESCHÄFT

© M. Kolb / M. Schreiner

Charles: Der **Markt in Shepherd's Bush** liegt zwischen der Oxford Road und der Goldhawk Road. Er ist nicht sehr lang, aber man kann dort fast alles kaufen. Du bekommst auch Nahrungsmittel, günstige DVDs, Kleinkram und findest angrenzend einen herrlichen Blumenmarkt. Der Shepherd's Bush Market ist einer der Orte, an die man geht, ohne zu wissen, was genau man kaufen wird. Manchmal findest du nichts, ein anderes Mal gehst du mit zwei Taschen voller toller Sachen nach Hause.

▷ Goldhawk Road, Shepherd's Bush | Karte S.76, B6

BESONDERHEITEN

Charles: Ich finde das **Ealing Jazz Festival** großartig. Es findet einmal im Jahr im Walpole Park statt. Auf dem Festival werden alle Arten von Jazz in drei verschiedenen Musikzelten geboten. Dazu kommen mindestens noch fünf weitere Zelte, in denen Essen und Getränke angeboten werden. Der Veranstaltungsort ist ein kleiner Park und man trifft dort immer Leute aus der Nachbarschaft. Es kostet nur ein Pfund Eintritt – also raff dich auf und mache dir einen Eindruck vom Geschehen. Selbstverständlich ist auch die Polizei präsent, damit nichts aus dem Ruder läuft. Sehr schön ist auch, dass sich viele Familien dort zum Picknicken versammeln. Das Ganze geht etwa bis 22 Uhr. Früher bin ich oft zu diesem Festival gegangen und vermisse es sehr. Ich war nun schon seit ein paar Jahren nicht mehr dort, weil wir mit unserer Band immer mehr Verpflichtungen haben. ▷ Walpole Park, Ealing; www.ealing.gov.uk | Karte S. S. 86, C1

Wembley Drum and Guitar Centre ist wirklich ein Mekka für Schlagzeuger und Gitarristen. Der Laden ist nicht gerade günstig, weil sie nichts mit Rabatt verkaufen. Aber sie haben eine sehr gute Auswahl. Meine ersten Schlagzeugteile stammen aus diesem Laden und ich gehe immer noch dort hin, wenn ich neue Teile benötige oder etwas austauschen muss.

▷ Unit 8, Metro Trading Centre, Fifth Way, Wembley; www.wembleydrumcentre.com | Karte S. 76, A2

© Wembley Drum Centre

© White Lies, privat

White Lies: Probepause!

In den **Panic Rehearsal Studios** in North Acton treffen wir uns zum Proben und dort haben wir gut die Hälfte unseres ersten Albums geschrieben. Wir sind sogar Teilhaber der Studios. Sie werden von einer Gruppe cooler Leute betrieben, die sich sehr gut um die Musiker kümmern. Außerdem sind die Mieten dort echt fair. Wir können nur empfehlen, diesen Ort aufzusuchen, wenn ihr in London einen Platz zum Proben braucht. Die sind mit wirklich gutem Equipment ausgestattet, das du dir ausleihen kannst, wenn du einen Raum anmietest.
Jack: Das ist auch der Ort, zu dem wir die Plattenfirmenleute mitgenommen haben, bevor wir unseren Vertrag unterschrieben haben. Wir haben einige Showcases für Plattenfirmen in unserem Proberaum gespielt. Wir haben sie dazu gebracht, uns dort am Ende der Welt zu besuchen. Das sind meiner Ansicht nach die besten Proberäume in ganz London und sie sind unsere musikalische Heimat.

▷ 14 Trading Estate Road, North Acton; www.panic-music.co.uk | Karte S. 76, A4

Charles: Der **Pitshanger Park** ist schön und liegt genau auf der Strecke zwischen Jacks und meinem Elternhaus. Früher haben wir hier nach der Schule heimlich Lagerfeuer angezündet, alle möglichen Sachen verbrannt und andere ungezogene Dinge gemacht. In diesem Park haben wir einen großen Teil unserer Jugend zwischen 6 und 13 Jahren verbracht.

▷ Bellevue Road, Ealing; www.ealing.gov.uk | Karte S. 76, C1

© Charles Cave

Charles Jugenderinnerungen: der Pitshanger Park.

Wo Männer getrocknete Baumrinde rauchen

von Lawrence Diamond

[Bassist von Official Secrets Act]

»Ich bin im Südwesten Londons, in Richmond und Twickenham, aufgewachsen. Wir konnten mit unseren Rädern durch die Parks kurven und haben uns nur zu gerne an Seilen über die Themse geschwungen. Die beiden Ortschaften sind sehr idyllisch und grün und haben etwas Ländliches. Wenn ich meinen Wurzeln treu bleiben würde, müsste ich jetzt eigentlich englischen Folk spielen und Bands wie Fairport Convention toll finden. Als wir damals ins Partyalter kamen, gab es in unserer Gegend unglücklicherweise nur zwei Alternativen: In den Sloaney Bars in Chelsea und Fulham schreckliche Cocktails mit Leuten zu trinken, die sich gegenseitig komische Namen geben, oder in billigen Pubs mit Rugbyfans Lager zu saufen. Wir haben uns dazu entschieden, dem zu entfliehen und zum Feiern in die Londoner Innenstadt zu pendeln. Auf den Heimfahrten im Nachtbus haben wir immer Lieder gesungen und Pläne für die Zukunft geschmiedet. Zum Glück haben sich die Dinge verändert. Die Musikszene in unserem Stadtteil ist mittlerweile wirklich gut. Bands wie die Mystery Jets, Larrikin Love, Noah And The Whale und natürlich 1/4 von Official Secrets Act kommen aus dieser Ecke. Für mich bleiben Richmond und Twickenham immer die Gegenden der sich windenden Flüsse und grünen Felder, wo Männer getrocknete Baumrinde rauchen und die Musik von Nick Drake hören.«

SEHENSWÜRDIGKEIT

Die schönste Aussicht in Richmond, wenn nicht sogar in ganz Großbritannien, hat man von der Spitze des **Richmond Hill**, von wo aus man über das gesamte Gebiet von Südwest-London schauen kann. Von dort aus kann man all die Vororte, die sich im Westen der Stadt erstrecken, überblicken und die gute alte Themse, die sich ihren Weg durch die Stadt in Richtung Meer bahnt. Das ist die tollste Aussicht, die du dir nur vorstellen kannst. Wenn du bei dem Anblick Lust auf ein Bier bekommst, dann schau mal im **The Roebuck Pub** gegenüber dem Royal Star And Garter Army Home vorbei. ▷ Richmond Hill | Karte S. 86, C6

▷ Roebuck Pub: 122 High Rd., Chiswick; www.theroebuckchiswick.co.uk | Karte S. 86, C1

Im Jahr 2000, im Rahmen der Millenniumfeierlichkeiten, sammelten Naturwissenschaftler der **Kew Gardens** einen Samen jeder auf der Welt bekannten Pflanze. Seither bewahren sie diese sicher und tiefgefroren in einem Lagerhaus auf. Die Vielfalt der Pflanzen in Kew ist wirklich toll. Du solltest dir dort unbedingt den weltberühmten, chinesischen Pavillon, die Pagode, ansehen und die Stege, die in den Wipfeln der Bäume ganz nah am Lebensraum der Vögel verlaufen, einmal entlanglaufen. Als ich 16 Jahre alt war, haben sie mir in Kew einen Ferienjob angeboten. Das Geld, das ich dort verdiente, habe ich in eine Gitarre investiert, die ich mir in Londons bestem Gitarrenladen **Chandler** gekauft habe. Der Laden liegt nur zwei Gehminuten vom Haupteingang der Botanischen Gärten entfernt.

▷ Kew Gardens: Kew Road, Richmond; www.kew.org | Karte S. 86, C2

▷ Chandler Guitars: 300-302 Sandycombe Road, Kew, Richmond; www.chandlerguitars.co.uk | Karte S. 86, D3

KNEIPE/BAR

Mein liebster Pub ist der **White Swan** an der Themse auf dem Weg zwischen Richmond und Twickenham. Bevor der Weg auf Twickenham stößt, findet man einen kleinen, liebevollen Pub in einer Gasse versteckt – genau das ist der White Swan! Du kannst dort wirklich die Vibration der Rohre durch den Boden spüren, wenn sie Bier zapfen. Es kann auch vorkommen, dass dich das Wasser mal direkt in den Pub hinein schwemmt, wenn die Themse Hochwasser hat. Pete Townshend von The Who hat mal nebenan gewohnt und außerdem kannst du vom Balkon aus die berühmte Eel Pie Island am anderen Ufer der Themse erkennen, die einst Konzertstätte der Rolling Stones und der Yardbirds war und nun die Geburtsstätte der fabelhaften Mystery Jets ist.

▷ Old Palace Lane, Richmond; www.whiteswanrichmond.co.uk | Karte S. 86, B5

CLUB

Wenn du es an einem Donnerstagabend schaffst, mit dem Zug von Richmond nach Kingston zu fahren, dann kannst du zu »New Slang« im **McCluskys** gehen, das mit Abstand die beste Indie/Alternative-Clubnacht im Westen Londons ist. Sie wird von Banquet Records veranstaltet, die immer Bands buchen, bevor alle anderen mitbekommen, wie großartig sie sind. The Rakes und Les Savy Fav waren dort vor Kurzem zu Gast und auch wir würden dort gerne einmal auftreten. ▷ 4 Bishop's Hall, Riverside Walk, Kingston; www.myspace.com/newslangkingston | Karte S. 86, B6

RESTAURANT

© Joe Steel

In Richmond bekommst du das beste traditionelle englische Essen im **Brula** in St. Margarets, etwa fünf Gehminuten auf der anderen Flussseite. Es ist sozusagen am Ende meiner Straße und wird von zwei netten, einheimischen Kerlen betrieben, von denen einer so wie ich Lawrence heißt, weshalb ich einen Stein im Brett bei ihm habe. Wann immer du dort vorbeischaust, sag mir einfach Bescheid, dann komm ich rüber und sag »Hallo«.
▷ 43 Crown Road, St Margarets; www.brula.co.uk | Karte S. 86, A6

Gegenüber dem Brula befindet sich **Ches's Trattoria**, wo es tagsüber das beste gebratene Frühstück gibt. Am Abend schmeißen sie dann ihren italienischen Pizzaofen an und bereiten das beste italienische Essen der Umgebung zu. ▷ 48 Crown Road, St Margarets | Karte S. 86, A6

PLATTENLADEN

Es ist traurig, aber wahr: Der beste Plattenladen, den es in der Nähe von Richmond gab, hat lange dichtgemacht. Er war in Twickenham und verkaufte ausschließlich alte, gebrauchte Vinylscheiben. Ich habe dort *Candy Apple Grey* von Hüsker Dü erstanden und außerdem noch *Outlandes D'Amour* von The Police, was eine wirklich großartige Platte ist. Leider hat das Internet den Laden plattgemacht, und jetzt gibt es nur noch den **HMV** auf der Hauptstraße, um ordentliche Musik zu kaufen.
▷ 70-72 George Street, Richmond; www.hmv.com | Karte S. 86, B5

KLAMOTTENLADEN

Ich weiß, die Empfehlung ist armselig, aber in Richmond bekommt man die beste Auswahl bei **Uniqlo**. Mir ist bewusst, dass es sich um eine Kette handelt, aber die Klamotten sind wirklich cool und meine Freunde arbeiten dort. Der Rest der Boutiquen in Richmond ist nur etwas für Wohlhabende. ▷ 1 Lower George St., Richmond; www.uniqlo.co.uk | Karte S. 86, B/C5

A
B
C
D
1
2
3
4
5
6
Brentford
Brentford FC
Braemar Road
Musical Museum
399 High Street
Kew
Bridg
Steam
Muse
Green
Drago
Lane
Richtung:
Walpole Park
Ealing
Pitshanger
Park
Bellevue Road
Ealing
Richtung:
The Roebuck Pub
122 High Road
Chiswick
The Blue Ocean
151 Pitshanger Lane, Ealir
Oxfam Music & Audio
23 Ealing Green, Ealing
Ealing Park Tavern,
222 South Ealing Rd.
Ke
Metronomy
The Bishops
Official Secrets Act
White Lies
Syon Park
Kew Gardens
Kew Road
Chandler
300–302 Sandycombe Road
Kew Road
Royal Mid-Surrey Golf Club
Lower Mortlak Road
Twickenham Road
Richmond
Danieli
7 Brewers Lane
Richmond
Sheen Road
White Swan
Old Palace Lane
Uniqlo, 1 George Street
HMV, 70-72 George St.
They Walk Among Us
26 Red Lion Street
The
Richmond Bridge Boathouses
1–3 Bridge Boathouses
Richmond Rd.
Petersham Rd.
Richmond Hill
Richtung:
New Slang
4 Bishop's Hall
Riverside Walk, Kingston
St. Margarets
Richmond Park
Che's Trattoria, 48 Crown Road
Brula, 43 Crown Road

SCHUHGESCHÄFT

Der eleganteste Schuhladen der Gegend heißt **Danieli** und im vergangenen Jahr hatten sie die verdammt geilsten Golfschuhe in ihrem Schaufenster. Du bekommst dort auch maßgeschneiderte Anzüge. Leider liegen sie preislich etwas über meinem Limit, aber ich plane, mich hier einzukleiden, sobald ich es mir leisten kann. ▷ 7 Brewers Lane, Richmond; www.danielistore.com | Karte S. 86, B5

BESONDERHEITEN

Du solltest dir unbedingt am Ufer der Themse bei einem Bootsverleih wie beispielsweise **Richmond Bridge Boathouses** ein Boot mieten und runter bis Kingston oder Kew rudern. Wenn du mit einem Mädel unterwegs bist, ist das eine sehr romantische Angelegenheit. Wenn du mit deinen Kumpels ein Boot mietest, packt am besten ein paar Bier und einen Ghettoblaster ein und lasst euch den Fluss hinab treiben. ▷ 1-3 Bridge Boathouses, Richmond; www.richmondbridgeboathouses.com | Karte S. 86, B5

Nimm den Bus der Linie 65 und fahre mit ihm nach Brentford, um dir ein **Fußballspiel des Brentford FC** anzusehen. Die Mannschaft ist zwar eher durchschnittlich und kein Verein wie der FC St. Pauli oder Glasgow Celtic, aber immerhin ist so ein Fußballerlebnis besser als 800 Pfund für ein Ticket auszugeben und sich dann das nächstbeste Chelsea Spiel anzusehen! Ich stand früher immer im Stadion im Ealing Road Block, habe Pies gemampft und die »Bees« mit voller Inbrunst angefeuert. ▷ Braemar Road, Brentford; www.brentfordfc.co.uk | Karte S. 68, C1

Es gibt hier einen sehr coolen Comicladen: **They Walk Among Us**. Dort bekommst du all die Alan-Moore-Bücher, die du schon immer gesucht hast. ▷ 26 Red Lion Street, Richmond; www.twau.co.uk | Karte S. 86, B5

© Toby Butler/privat

Take the 29 in Holloway! von Toby Butler [Bassist bei The Duke Spirit]

»London, Holloway liegt in Nord-London und ist gleichzeitig der erste Ort in London, an dem ich mich wirklich wie zu Hause fühle. Vorher bin ich schon kreuz und quer durch die Stadt gezogen, aber hier in Holloway bin ich endlich angekommen, alle meine Freunde wohnen um die Ecke, meine Band wurde hier gegründet und es ist toll, mit all denen auf einem Haufen herumzuhängen.«

SEHENSWÜRDIGKEIT

Das **Apartmenthaus**, in dem ich wohne, bietet einen brillanten Blick über ganz London ... und dazu ist meine Wohnung auch noch im obersten Stock. Ich muss nur raus auf den Balkon und seh ganz Nord-London. Wichtig ist auch der **29er-Bus**, weil es der einzige Bus ist, der Holloway mit dem West End verbindet. Immer wenn wir zu irgendwelchen Meetings oder einfach so in die Stadt müssen, stehen wir da und warten auf den 29er. Ich stehe auch sonst oft an der Bushaltestelle,

© Toby Butler/privat

Wenn ich nicht hier bin, bin ich auf dem Sonnendeck ... Toby Butlers Ausblick über Holloway.

etwa wenn ich um drei Uhr nachts besoffen nach Hause komme mit dem Bus und es regnet wie aus Eimern. Kurz, ihr findet mich praktisch zu jeder Tages- und Nachtzeit an dieser Bushaltestelle.
▷ Die 29er-Bus-Tour: Wood Green - Finsbury Park - Holloway - Camden Town - Trafalgar Square | Karte S. 106-107, A2

GALERIE

Die **Proud Gallery NW1** in Camden Town. Am liebsten schaue ich mir Ausstellungen von Rockfotografen an. Ich erinnere mich an eine von Bob Gruen, in der es um The Clash ging. The Clash sind eine meiner absoluten Lieblingsbands. Soweit ich weiß, ist die Proud Gallery die einzige Galerie in meiner Gegend; sie ist ziemlich klein, hat aber oft wirklich interessante Ausstellungen. ▷ The Gin House, The Stables Market, Chalk Farm Road, Camden Town; www.atproud.net | Karte S. 92-93, E6

© At Proud

Die zur Galerie gehörende Gartenbar.

KNEIPE/BAR

Big Red ist ziemlich in der Nähe meiner Wohnung in der Holloway Road. Eine richtig kitschige Rockbar, in der alles auf Amerika getrimmt ist. Hier ist alles ein bisschen anders als in den traditionellen Pubs in und um London. Im Big Red bin ich gerne, weil man da die abgefahrensten Typen trifft. Ich sag nur Rockabillys mit den absonderlichsten Frisuren oder echt harte Rocker, die von Kopf bis Fuß tätowiert sind, und das alles beschallt von ganz unterschiedlicher Musik. Außerdem verfügt der Laden über mehrere Billardtische und eine gut ausgestattete Jukebox. Und das Big Red ist bis drei Uhr morgens geöffnet, was auch eher selten ist in London. ▷ 385 Holloway Road | Karte S. 92-93, H3

RESTAURANT

Es gibt eine ganze Handvoll guter Restaurants in Holloway, weswegen ich ziemlich oft auswärts esse. Zum Selberkochen hab ich nie genug

Essen und Zutaten im Haus, weil ich ein mieser Einkäufer bin. Die Folge: Ich gehe irgendwo was essen. Das **Indian Ocean** habe ich erst vor Kurzem entdeckt – ein wirklich tolles Restaurant. Am besten schmeckt das Fish-Curry. Wahrscheinlich würzen sie auf einzigartige Art und Weise, denn sonst kann ich zu scharfe Sachen eigentlich nicht ausstehen. ▷ 359 Holloway Road | Karte S. 92-93, H3

PLATTENLADEN

Pure Groove: unbekannte Indie-Platten.

Pure Groove Records ist ein richtig cooler Indie-Laden. Wir kennen die Jungs da, denn die haben nebenbei noch ein paar Plattenlabels und Verlage. Letztens haben wir bei denen einen Instore-Gig gespielt, um unsere Platte ein bisschen zu promoten. Pure Groove unterstützen die lokalen Bands aus der Szene, das ist alles eine große Familie. Wir kennen uns alle und wir unterstützen uns alle gegenseitig. Ich nenne den Laden hier aber nicht nur wegen der Freundschaft, sondern auch, weil sie richtig coole Sachen im Angebot haben, hauptsächlich Neuerscheinungen, weniger Vinyl. Aber du kriegst da alles, was gerade neu in der Indieszene durchstartet.

▷ 6-7 West Smithfield; www.puregroove.co.uk | Karte S. 48-49, A6

KLAMOTTENLADEN/SCHUHGESCHÄFT

Der **Camden Market** ist in London berühmt-berüchtigt. Da gibt es eine ruhige Ecke in der Passage, in der unsere Freunde arbeiten und in der

Der Camden Market: Schuhe und Schlagzeuger.

INDIE-TRAVEL-TIPP: DIE KULTKLAMOTTE

Echten Mods und 60s-Freaks muss man **Lambretta** in der berühmten Carnaby Street nicht mehr empfehlen, denn die lässige Scooterbekleidung hat bereits Kultcharakter! Hier bekommst du hochwertige Klamotten, die cool aussehen und mit denen eben nicht jeder herumläuft, zu guten Preisen. Zum ständigen Lambretta-Angebot gehören T-Shirts mit Slogans, Trainingsjacken, Jeans und klassisch britische Harringtonjacken. Wenn du dir die Lambretta Privilege Card zulegst, bekommst du ab dem nächsten Einkauf im Laden 10% Nachlass auf alle Waren.

▷ 29 Carnaby Street; www.lambrettaclothing.co.uk | Karte S. 24-25, D6

© M. Kolb / M. Schreiner

wir unseren Drummer Olly das erste Mal gesehen haben. Der hat sich einfach einem unserer Freunde auf dem Camden Market vorgestellt und gleich gefragt, ob er eine Band kenne, die einen Schlagzeuger suche. Am Tag vorher hatten wir mit unserem Freund noch darüber geredet, dass wir dringend einen für die Drums brauchen. Der Camden Market hat uns also zu einer Band gemacht. Wenn ihr euch auf dem Markt lange genug umschaut und die richtigen Leute kennt, dann könnt ihr da richtige Schnäppchen machen. Ich zum Beispiel finde da immer gute Schuhe; fast all meine Schuhe sind von dort. Überhaupt mag ich Schuhe sehr gerne. Ich glaube, das ist bei mir schon zur Obsession geworden: gute Schuhe ausfindig machen.

▷ Camden High Street/Chalk Farm Road; www.camdenlockmarket.com | Karte S. 92-93, E6

BESONDERHEITEN

Ein guter Freund von mir ist stolzer Besitzer von **Restoration Guitars**. Er kauft alte Gitarren auf und renoviert sie. Wenn ihr auch in einer Band spielt, dann ist die Chance groß, dass ihr so große Gitarrennerds wie ich seid. Blöderweise könnt ihr euch seinen Laden nicht anschauen, denn der ist in seiner Privatwohnung, aber übers Internet könnt ihr ihn gerne kontaktieren. Er baut die echt mit Abstand coolsten Gitarren und hat das coolste Vintage-Equipment, das man sich denken kann. Wer diese Adresse kennt, kann an Zeug kommen, das er sonst nirgendwo mehr kriegt, in keinem anderen Laden.

▷ www.myspace.com/jonfree

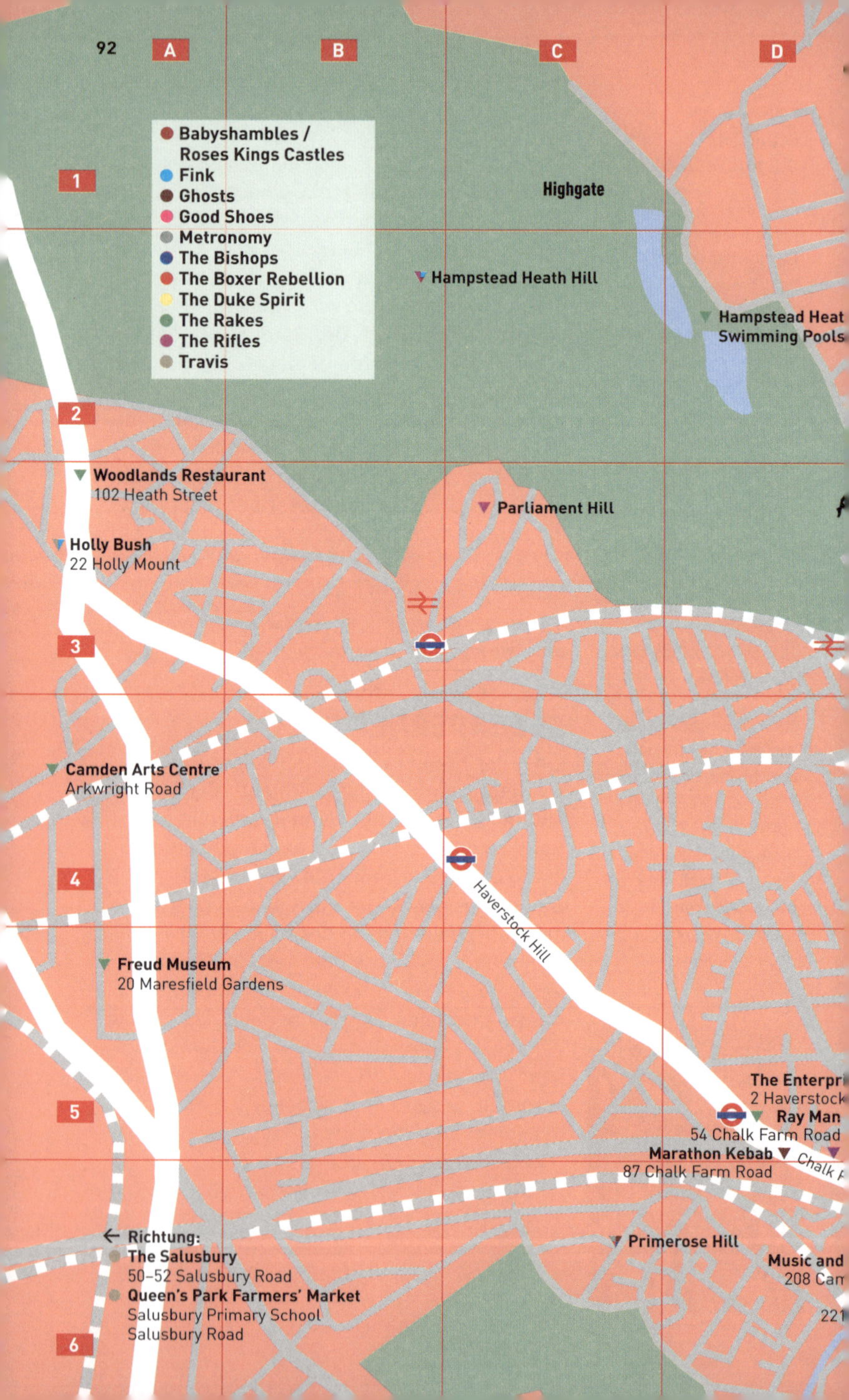
A
B
C
D
1
2
3
4
5
6
Babyshambles / Roses Kings Castles
Fink
Ghosts
Good Shoes
Metronomy
The Bishops
The Boxer Rebellion
The Duke Spirit
The Rakes
The Rifles
Travis
Highgate
Hampstead Heath Hill
Hampstead Heat
Swimming Pools
Woodlands Restaurant
102 Heath Street
Holly Bush
22 Holly Mount
Parliament Hill
Camden Arts Centre
Arkwright Road
Haverstock Hill
Freud Museum
20 Maresfield Gardens
The Enterpr
2 Haverstock
Ray Man
54 Chalk Farm Road
Marathon Kebab
87 Chalk Farm Road
Chalk F
Richtung:
The Salusbury
50–52 Salusbury Road
Queen's Park Farmers' Market
Salusbury Primary School
Salusbury Road
Primerose Hill
Music and
208 Cam
221

E
F
G
H
↑ Richtung:
Alan's Records
218 High Road
East Finchley
Upper Holloway
Girbsay Road
Junction Road
Holloway Road
Tufnell Park
Big Red, 385 Holloway Road
Indian Ocean, 359 Holloway Road
Parkhurst Road
Camden Road
Holloway
Fortess Road
Brecknock Road
Lower Holloway
Bull & Gate
389 Kentish Town Road
Torriano
71-73 Torriano Avenue
Torriano Ave.
Kantish Town Road
Camden Road
York Way
Caledorian Park
The Dr
dhouse
arm Road
Party Headquarters /The Stables Market
ud Gallery NW1/The Gin House
lk Farm Road
Episode, 26 Chalk Farm Road
KOKO
1A Camden High Street
ange
treet
Offspring
igh Street
Camden Town / Camden Market
Camden High Street
od Mixer
ss Street
Underworld, 174 Camden High Street
Anschluss:
Seite 24-25
Caledorian Road

Familientradition »Clubbesuch in London« von Luke Crowther [Gitarrist von The Rifles]

»London ist unsere Stadt, auch wenn wir nicht hier, sondern erst in Knebworth beschlossen haben, mit unserer Musik groß zu werden.«

SEHENSWÜRDIGKEIT

Auf London runterblicken vom **Hampstead Heath Hill / Parliament Hill**. Von dort hast du, besonders nachts, einen Wahnsinnsblick auf die Stadt.

▷ Hampstead Heath / Parliament Hill | Karte S. 92-93, B2 / C3

Der Blick auf die Stadt. Ein Gemälde von Luke Crowther in seiner blauen Phase.

GALERIE

Portobello Road – Keine richtige Galerie, aber eine Straße in London, in der Leute selbst gemalte Bilder verkaufen. Ich bin kein großer Galerie- oder Museumsbesucher. In der Portobello Road bin ich schon ein paar Mal gewesen und es gibt dort erstaunlich moderne Sachen. Die Leute da malen teilweise dreidimensional, ein wahnsinniger Ort, den ihr euch unbedingt mal anschauen solltet.

▷ Portobello Road, Kensington; www.portobelloroad.co.uk | Karte S. 76, B4

KNEIPE/BAR

Es gibt nur einen Pub, der mir wirklich viel bedeutet, das **Bull & Gate**. Dort hatten wir unseren ersten Auftritt als The Rifles. Die Leute dort waren richtig toll zu uns.

▷ 389 Kentish Town Road; www.bullandgate.co.uk | Karte S. 92-93, E/F4

CLUB

KOKO ist der erste Club, in den ich je gegangen bin, er hieß früher noch »The Camden Palace«. Damals bin ich dadrin gewesen, weil meine Mum auch dorthin gegangen war. In ihrer Zeit hieß der Laden noch »The Music Box«. Ziemlich gemischtes Publikum.

▷ Camden High Street; www.koko.uk.com | Karte S. 92-93, E6

THE RIFLES – ERWECKT VON OASIS

Mod-Sound, Northern Soul, The Jam, The Smiths, eine Prise Oasis, ein Hauch The Libertines und ein Löffel The Specials und fertig ist eines der herausragendsten Debüts einer britischen Gitarrenband. Und Schuld an dieser Band sind nur Oasis, denn auf deren Knebworth-Auftritt 1996 beschlossen Sänger Joel Stoke und Gitarrist Luke Crowther, dass sie auch einmal vor 250 000 begeisterten Fans auf der Bühne stehen wollen.

© The Rifles / privat

Links: © Bull & Gate. Rechts: © Koko

Links: das Bull & Gate. Rechts: Koko – hier tanzte schon Luke Crowthers Mutter.

PLATTENLADEN

Ich gebs zu, meine Platten und CDs kaufe ich bei **HMV** in der Oxford Street. Andere Spezialgeschäfte kenne ich nicht. In Camden gabs mal einen berühmten Plattenladen, in dem ständig Madness waren und Platten gekauft haben. Heute werden dort Schuhe verkauft, aber ob Madness dort auch ständig Schuhe kaufen, kann ich beim besten Willen nicht sagen.

▷ 150 Oxford Street; www.hmv.co.uk | Karte S. 24-25, E5

KLAMOTTENLADEN

Auf dem **Camden Market** kannst du dich mit allem möglichen Krimskrams eindecken. Wer besonders chick aussehen will, sollte sich dort gleich ganz einkleiden.

▷ Chalk Farm Road, zwischen Camden Town und Chalk Farm Underground Stations; www.camdenlockmarket.com | Karte S. 92-93, E6

© Markus Weber

Camden Market: Krimskrams und Klamotten.

INDIE-TRAVEL-TIPP: BRIT-PUB

The Spread Eagle ist gemütlich mit vielen Tischen und Couchs eingerichtet. Hier hat sich in den 1990ern, vor allem im Sommer, die Britpopszene getroffen. Heute geht es eher ruhig zu und man kann bei Pubfood und Bier zwischen 12 und 22 Uhr dem Trubel von Camden Town entfliehen.

▷ 141 Albert Street | Karte S. 24-25, D1

BESONDERHEITEN

Highgate Cemetery ist unheimlich toll. Ich hab mal direkt gegenüber dem Friedhof gewohnt, von meinem Fenster konnte ich über das ganze Areal gucken. Ich hab da oft aus dem Fenster geschaut, denn dort geht eine ganze Menge verrückter Kram vor sich. Karl Marx liegt dort und hat sehr oft Besuch. Dann gibt es dort Unmengen an Mausoleen und prächtigen Grabsteinen. Echt einen Besuch wert, wenn ihr mal in London seid.

▷ Highgate Hill / Waterlow Park; www.highgate-cemetery.org | Karte S. 92-93, E1

Alle Fotos: © M. Kolb / M. Schreiner

Die Seele baumeln lassen von Alan Donohoe [Sänger von The Rakes] und Matthew Swinnerton [Gitarrist von The Rakes]

Alan: »Camden ist ein ziemlich cooler Stadtteil, weil es hier sowohl reiche als auch nicht ganz so reiche Gebiete gibt. Wenn du Glück hast, bekommst du eine Wohnung in einem der schöneren Teile wie Hampstead. Von dort aus sind Camden Town und Chalk Farm am Wochenende einfach zu erreichen, wo es wilder zugeht mit einem tollen Nachtleben! In meinem Stadtteil gibt es viel Grün, den Regent's Park, Primrose Hill und die Hampstead Heath. Man kann dort am Wochenende all dem Stress entfliehen und die Seele baumeln lassen.«

Matt: »Camden ist auch ein guter Ort, um etwas Celebrity-Spotting zu betreiben. Viele bekannte Leute leben in Primrose Hill.«

SEHENSWÜRDIGKEIT

Hampstead Heath: swim 'n' relax.

Alan: Ich habe früher mal in einem Krankenhaus direkt neben der Hampstead Heath gearbeitet. Vor Auftritten mit unserer Band bin ich immer zu den **Hampstead Heath Swimming Pools** gegangen, um meine Lunge freizubekommen. Die Pools sind kleine natürliche Seen, in denen man umsonst schwimmen kann. Manche mögen es aber lieber, dort einfach auf dem Gras zu liegen und über die Arbeit nachzudenken. All das ist von viel Heideland umgeben. Die Stadt öffnet und schließt die Pools von Zeit zu Zeit zur Regeneration. ▷ Karte S. 92-93, D2

GALERIE/MUSEUM

Alan: Ich bin früher oft am **Freud Museum** vorbeigelaufen, ohne es als solches zu erkennen. Freud hat in diesem Haus wohl auch nur ein oder zwei Jahre gelebt, danach lebten seine Kinder dort. Ich glaube, seine Nichte hat dort sogar Selbstmord begangen. Die berühmte Couch, auf der Sigmund Freud diverse Leute analysiert hat, steht auch in dem Haus. Ich interessiere mich sehr für die freudsche Lehre.

© Matt Swinnerton

▷ 20 Maresfield Gardens, Hampstead; www.freud.org.uk | Karte S. 92-93, A5

Matt: Das **Camden Arts Centre** hat ein ziemlich abwechslungsreiches Programm. Es ist immer einen Besuch wert – auch wenn du nur eine Tasse Tee trinken möchtest. Im Garten des Arts Centre kannst du einen ganzen Tag lang sitzen und die Stunden an dir vorbei fliegen lassen. Roy, der Besitzer des Cafés, ist ein Freund unserer Band. Im Obergeschoss befindet sich die wundervolle Kunstgalerie und unten gibt es einen Buchladen. Die Vielfalt zeitgenössischer Kunst ist überragend.

© Camden Arts Centre

▷ Arkwright Road; www.camdenartscentre.org | Karte S. 92-93, A4

MODISCHE HUNGERHARKEN: THE RAKES

Die Rakes kamen in einem Klamottengeschäft als Band zusammen. Da wundert es auch kaum, dass sich die vier dürren Herren mit ihrem nervösen Postpunk nach den ersten musikalischen Erfolgen Werbeverträge mit renommierten Marken wie Fred Perry, Dior und Louis Vuitton sichern konnten. Mode scheint bei den Rakes eine große Rolle zu spielen, weshalb es sie zu den Aufnahmen des 2009er-Albums *Klang* ins hippe Berlin verschlug.

KNEIPE/BAR

Alan: **The Enterprise** ist ein ziemlich gutes Beispiel für die Vorzüge von Camden. Es geht etwas ungehobelt zu, trotzdem ist die Atmosphäre immer gut. Hier kannst du in Ruhe dein Bierchen genießen. Abends legen meist DJs auf, da geht die Post ab. Dann wird es auch voll und die Leute tanzen. Im Obergeschoss finden Livekonzerte statt. Das Publikum ist gut gemischt, du wirst kaum nur hyperstylische 18-Jährige antreffen. Natürlich gibt es die dort auch – aber Altrocker um die 60 gehen genauso ins Enterprise. Einmal hab ich sogar Robert Plant

von Led Zeppelin im Pub sitzen sehen. Der Pub kommt mir so bodenständig vor, dass ich nie solch eine Berühmtheit dort erwartet hätte.
Matt: Viele gehen zuerst ins Enterprise, bevor sie auf ein Konzert ins **Roundhouse** gehen. Es befindet sich direkt auf der anderen Straßenseite.
Alan: Falls du draußen eine rauchen möchtest, dann schau doch mal auf die Wand des gegenüberliegenden Gebäudes. Hier hat sich nämlich niemand Geringeres als Banksy mit einem Kunstwerk verewigt.
▷ The Enterprise & Roundhouse: 2 Haverstock Hill | Karte S. 92-93, D5

RESTAURANT

Alan: Das **Woodlands Restaurant** ist mein heißer Tipp. Es liegt im oberen Teil von Hampstead, ein wenig entfernt von einer U-Bahn-Station. Es ist ein vegetarisches Restaurant, auf süd-indische Küche spezialisiert. Sie haben dort z. B. Paneer Dosas und Linsen-Donuts. Alles ist wirklich gesund und von höchster Qualität. Der Service ist außerdem supergut. Meine Frau und ich haben dort unsere Hochzeit gefeiert. ▷ 102 Heath Street; www.woodlandsrestaurant.co.uk | Karte S. 92-93, A3

DER INDIE-GOURMET ALAN EMPFIEHLT:

Womöglich ist das Woodlands mein Lieblingsrestaurant in London. Ich rate dir, dort den **Masala Dosa** (ein Pfannkuchen gefüllt mit Kartoffeln, Zwiebeln und Erbsen) zu bestellen – der schmeckt fantastisch!

Matt: **Tas Firin** ist ein türkisches Restaurant, das günstig und qualitativ gut ist. Es ist immer gut besucht, was für die Qualität des Essens spricht. Ich esse dort am liebsten ein Lahmacun. Du solltest dort auch einmal den türkischen Tee probieren. ▷ 160 Bethnal Green Road | Karte S. 48-49, E4

PLATTENLADEN

© M. Kolb / M. Schreiner

Bioux hat den wohl coolsten Plattenladen.

Alan: Unser Freund **Bioux** hat im **Camden Market** einen Stand. Er befindet sich rechter Hand am Aufgang zur Proud Gallery. Bioux macht sein eigenes Ding und stellt Bootlegs und Raritäten zusammen. Immer wenn ich vorbeikomme, zeigt er mir neue Raritäten und seltsame Sachen. Einmal hat er mich regelrecht genötigt, ein Demo vom *White Album* der Beatles zu kaufen. Das ist nur eins der Beispiele besagter Raritäten, die du bei ihm findest.
▷ Camden High Street/Chalk Farm Road; www.camdenmarkets.org | Karte S. 92-93, E6

KLAMOTTENLADEN

Matt: Wenn du auf Schnäppchen aus bist, geh zur **Brick Lane**, wo es regelmäßig Kollektionsverkäufe von unterschiedlichen Marken gibt. Meistens sind die an Sonntagen. Manchmal musst du ein oder zwei Pfund Eintritt zahlen, aber das lohnt sich, denn du bekommst großzügige Rabatte auf Designerware.

▷ Brick Lane | Karte S. 48-49, E4

© M. Kolb / M. Schreiner

Hier gibts Schnäppchen!

BESONDERHEITEN

Matt: Das **Open House Weekend** ist eine großartige Sache. Es findet jährlich an zwei Tagen im September statt und man kann sowohl öffentliche als auch private Gebäude von innen besichtigen. Sie zeigen Häuser, die einen speziellen geschichtlichen Hintergrund oder eine besondere Architektur haben. Du kannst dir beispielsweise das Lloyd's Building ansehen, bei dem sich das Innere nach außen abzeichnet. Die Aufzüge, die hoch und runter fahren, befinden sich in großen Rohren an der Außenfassade. Außerdem kannst du, wenn du neugierig bist, etwas in den Häusern anderer Leute herumschnüffeln. Kann auch sehr interessant sein.

▷ www.londonopenhouse.org

INDIE-TRAVEL-TIPP: EINKAUFSZENTRUM

Die Westfield Gruppe betreibt weltweit eine Kette von Einkaufszentren. Das **Westfield** in London ist europaweit das größte, innerstädtische Einkaufszentrum, das vor allem an Regentagen einen Shoppingbesuch wert ist. Neben den bekannten Marken H&M, Topshop, HMV und Marks & Spencer findest du im angrenzenden The Village hochpreisige Hersteller wie Hugo Boss, Tagheuer und Armani. Zudem bietet das Zentrum einen großen Food-Court und außerhalb viele Restaurants.

▷ Ariel Way; www.westfield.com/london | Karte S. 76, A6

Alan: Die **Hampstead Heath** ist auch ein schöner Ort zum Relaxen. Hier gibt es viele Grünflächen und sie ist so riesig, dass du stundenlang darin herumlaufen kannst. Hier liegt auch das bezaubernde **Kenwood House**, das mindestens 200 Jahre alt ist und in dem sich ein im Stil des Klassizismus eingerichtetes Museum befindet, das Gemälde von bekannten Künstlern wie Rembrandt und Vermeer zeigt . Außerhalb finden im Sommer kleine Orchesterkonzerte statt. Dann kannst du auf dem Hang sitzen, ein kleines Picknick machen und dabei der Musik des Orchesters lauschen. Das ist eine sehr beliebte kulturelle Veranstaltung. ▷ Karte S. 92-93, D2

© M. Kolb / M. Schreiner

A Weekend in the City von Gordon Moakes [Bassist von Bloc Party]

»Ich lebe nun seit etwa drei Jahren in Stoke Newington. Im Vergleich zur aufbrausenden London-City gehen es die Leute hier gemütlicher an und schalten gerne mal einen Gang runter. Es geht wesentlich ruhiger und stressfreier zu. Zudem ist es interessant, dass Stoke Newington nicht einmal an das Londoner U-Bahn-Netz angeschlossen ist. Wenn du also dorthin kommen möchtest, musst du von der nächstgelegenen U-Bahn-Station noch 20 Minuten Busfahrt zurücklegen. Es ist wahrlich ein ›blinder Fleck‹ im Nahverkehrssystem, obwohl es mitten in der Tarifzone 2 von London liegt. Durch diese Schwierigkeit ist es dort aber auch viel ruhiger als anderenorts in London. Wir haben einfach nicht so viel Durchgangsverkehr. Nur die Einwohner des Viertels und ihre Besucher kommen dorthin, was dem Stadtteil einen dörflichen Charakter verleiht.«

SEHENSWÜRDIGKEIT

Der heftige Schneefall im Februar 2009 bleibt legendär. Er hat London fast zum Stillstand gebracht, weil die Stadt nicht imstande war, mit gerade mal sechs Zentimeter Neuschnee fertigzuwerden. So fuhren damals keine Busse und der Betrieb nur einer einzigen U-Bahn-Linie konnte aufrechterhalten werden. Das war wirklich verrückt! Zu dieser Zeit kamen wir gerade von einer Tour zurück und ich schaffte es irgendwie, nach Hause zu gelangen. Das Einzige, was man zu dieser Zeit wirklich tun konnte, war, hinaus in den Schnee zu gehen. Wir machten uns zum nahegelegenen **Abney Park Cemetery** auf. Das

© Gordon Moakes, privat

»Der Winter ist hart, ich auch!« Gordon auf dem Friedhof.

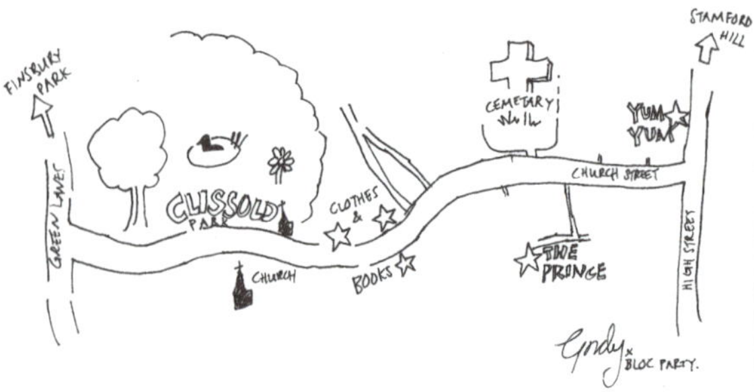

Zeichnung: © Gordon Moakes. Foto: © M. Kolb / M. Schreiner

Gruselige an diesem Friedhof ist, dass er ziemlich ungepflegt ist und so langsam zerfällt. Die Pflanzen wuchern bereits über die Grabstätten und verbreiten sich. Man befindet sich zwar mitten in der Stadt, aber je weiter man in den Friedhof hineingeht, desto mehr ist man von der Parknatur umgeben und kann weder die umliegenden Häuser sehen noch den Verkehr der Straßen hören. Der Friedhof ist daher ein sehr ruhiger Ort, an dem du der Hektik der Stadt entfliehen kannst. Als wir damals in dieser schneereichen Woche dort waren, fühlte es sich an, als wären wir irgendwo in Skandinavien. Für mich fühlt sich dieser Friedhof beinah wie ein Zufluchtsort an. Es ist wirklich merkwürdig, dass man solche Plätze in London finden kann. Ich bin kein Stadtmensch, sondern auf dem Land aufgewachsen. Ich brauche ab und zu meine Ruhe und solch einen tollen Ort, der mich dem Lärm der Stadt entfliehen lässt.

▷ Stoke Newington High Street; www.abney-park.org.uk | Karte S. 106-107, D3

KNEIPE/BAR

Obwohl Stoke Newington eine kleine »Gemeinde« ist, gibt es dort viele Pubs. Es ist ein wunderbarer Brauch in unserem Land, in Pubs zu gehen! Was ich im Allgemeinen so sehr mag, ist, dass ein guter Pub in der Regel familienfreundlich ist. Meine Frau kommt aus Amerika

BLOC PARTY: DIGITAL IST BESSER

1998 gründeten Russel Lissack und Kele Okereke die Band, welche kurze Zeit später durch Gordon Moakes und Matt Tong komplettiert wurde. 2003 sorgten Bloc Party erstmals mit ihren tanzbaren, elektronisch angehauchten Songs für großes Aufsehen. Durch seine Hautfarbe geriet Frontmann Kele in der Vergangenheit in unangenehme Situationen. Dies sowie rassistische Vorfälle in Großbritannien veranlassten ihn dazu, sich an politische Texte heranzuwagen, was man auf dem 2008er-Album *Intimacy* heraushört. Bei der Veröffentlichung zählte die Band zudem zunächst auf das Internet, bevor das Album drei Monate später auch physisch zu erwerben war.

und ich denke nicht, dass es dort erlaubt ist, seine Kinder mit in eine Bar zu nehmen. Aber in Großbritannien ist es in Ordnung, das zu tun. Und wenn ich jetzt als Papa spreche, dann gilt dies auch für meinen Lieblingspub **The Prince**. Wir haben dort vor einiger Zeit einen Tisch reserviert. Wir haben ein Baby und als wir im Pub ankamen, stand bereits ein Hochstuhl an unserem Tisch, auf dem sogar ein Plastikball lag, mit dem unser Baby spielen konnte. Das war echt eine nette Geste, die mich sehr beeindruckte. ▷ 59 Kynaston Rd. | Karte S. 106-107, C4

RESTAURANT

Ost-London ist bekannt für seine Vielfalt an Restaurants. In der Brick Lane gibt es beispielsweise jede Menge Curryhäuser. Zwischen der Brick Lane und Stoke Newington haben sich viele gute Vietnamesen angesiedelt. Aber mein absolutes Lieblingsrestaurant ist das **YumYum** auf der Stoke Newington High Street. Das Restaurant ist in einem alten Haus im gregorianischen Stil angesiedelt. Das Haus ist wirklich schön und die Atmosphäre im Restaurant sehr relaxed und ich genieße den guten Service. Das YumYum macht auch fantastische Cocktails.

▷ 187 Stoke Newington High Street; www.yumyum.co.uk | Karte S. 106-107, D3

DER INDIE-GOURMET GORDON EMPFIEHLT:

Mein Lieblingsgericht im YumYum ist der ganze **Red Snapper**, der in einer Chilimarinade zubereitet wird. Wenn du also auch Fisch magst, dann solltest du dieses großartige Gericht unbedingt einmal probieren.

PLATTENLADEN

Mein Lieblingsplattenladen in London war, ist und wird auch immer **Rough Trade** auf der Talbot Road sein. Er liegt zwar am komplett anderen Ende der Stadt, aber was solls?! Als Teenager hab ich noch nicht in London gelebt, aber meine Freunde und ich sind öfters in die Stadt gefahren, nur um in diesen Plattenladen zu gehen. Dort wirst du immer das Passende finden – ganz egal, ob es vielleicht ein wenig obskur sein mag. Der Laden verkauft viele

INDIE-TRAVEL-TIPP: PLATTENLADEN

Bei **Music & Video Exchange** kannst du günstige und gute gebrauchte CDs und Platten, vor allem aus den Bereichen Indie, Alternative und Britpop, erstehen. Für das etwas versteckt liegende Bargain-Basement solltest du dir genug Zeit nehmen. Hier kannst du deine Plattensammlung für wenig Geld vervollständigen. Oben in diesem Laden gibt es einige Glasvitrinen, die mit Raritäten, signierten Platten und Merchandise bestückt sind. Optisch macht der Laden wenig her, ist aber für echte Plattenfreaks eine wahre Schatztruhe.

▷ 38 Notting Hill Gate | Karte S. 76, D5

Schallplatten. Für mich gibt es keinen Grund, weshalb Läden wie dieser trotz sinkender Plattenverkäufe nicht doch überleben könnten. Denn es gibt doch immer Freaks, die spezielle Platten suchen und solche Läden brauchen. Ich kann gar nicht genug von Rough Trade schwärmen. Wenn also auch du ein Indie-Trainspotter wie ich bist, dann wirst du genauso viel Spaß wie ich daran haben, diesen Laden zu betreten mit dem Wissen, dass du hier ein bis zwei Stunden mit dem Stöbern durch Plattenkisten verbringen kannst. Mit Sicherheit wirst du einige skurrile Math-Rock- und Noise-Rock-Platten für dich entdecken können. Der Laden ist ein Schlaraffenland für Leute, die sich gerne durch Platten wühlen.

▷ 130 Talbot Rd.; www.roughtrade.com | Karte S. 76, C4

KLAMOTTENLADEN

Strut ist eine Art von Vintage-Klamottengeschäft. Ich besitze ein paar wirklich schöne karierte Hemden, die ich dort gekauft habe. Gerade erst gestern hat mir ein Fan ein Coverbild von uns auf einer deutschen Musikzeitschrift gezeigt – und auf dem Foto hab ich solch ein kariertes Hemd aus besagter Boutique in Stoke Newington an. Die verkaufen viele Hemden im Cowboystil, aber speziell diese karierten Shirts. Das ist ein wirklicher Geheimtipp, falls du auf Karohemden stehst!

▷ 182 Stoke Newington Church St. | Karte S. 106-107, C3

Karo-Cowboy-Look: Strut.

BESONDERHEITEN

Diese Empfehlung hier ist ein wahrer Dauerbrenner bei uns, seitdem meine Frau und ich ein Baby haben. Wir haben vor Kurzem festgestellt, dass unsere Tochter ein bisschen mehr Unterhaltung braucht als nur uns beide, die ihr die Zunge rausstrecken und herumalbern. Es war an der Zeit, ein wenig interaktives

Spielzeug für sie zu besorgen. Stoke Newington liegt nahe bei Stamford Hill, eine hauptsächlich jüdische Gemeinde. Die Leute dort sind sehr mit ihrer Gemeinde verbunden. Aber sie sind auch sehr offen und gastfreundlich, wenn du ihren Stadtteil besuchst. Es gibt dort viele kleine Läden, Bäckereien und alles, was man sonst so zum Leben braucht. Stamford Hill ist ein wirklich netter und vor allem ruhiger Stadtteil, der einen Besuch wert ist. Speziell dieser eine Spielwarenladen namens **World of Toys**, in dem man jüdisches Spielzeug kaufen kann. Beispielsweise verkaufen sie dort Kalender für Kinder in hebräischer Sprache. Wir sind vor Kurzem dorthin gegangen, um interaktives Spielzeug für unsere Kleine zu besorgen. Das Geschäft ist sehr klein und nett. Es liegt in einer wirklich ruhigen Gegend und ist ganz weit entfernt von dem Trubel, den man sonst vom Londoner Stadtleben gewohnt ist.

Besser als »WOW«.

▷ 49 Oldhill Street | Karte S. 106-107, E2

Church Street Books – In Stoke Newington haben wir einige großartige Secondhandbuchläden. Ich liebe es, meinen Nachmittag damit zu verschwenden, in solchen Buchläden herumzustöbern. Vor Kurzem hab ich mir aber mal eine Auszeit vom Kauf gebrauchter Bücher genommen, weil sich mittlerweile schon ein ganzer Stapel angehäuft hat, der mal gelesen werden müsste. Meine Mutter hat in den 60ern für Penguin Books gearbeitet. Diese Bücher mit dem orangenen Logo sind schon sehr speziell. Es ist ein ganz besonderer Kick für mich, durch eine Reihe alter Penguin-Bücher zu gehen und mir die verschiedenen Cover anzusehen. Die Art, wie diese Bücher in den 60ern designt wurden, ist super interessant. Ein Illustrator hat die Cover kreiert und man kann sie schon fast als kleine Kunstwerke bezeichnen.

▷ 142 Stoke Newington Church Street | Karte S. 106-107, C3

Verschwende deinen Nachmittag: Church Street Books.

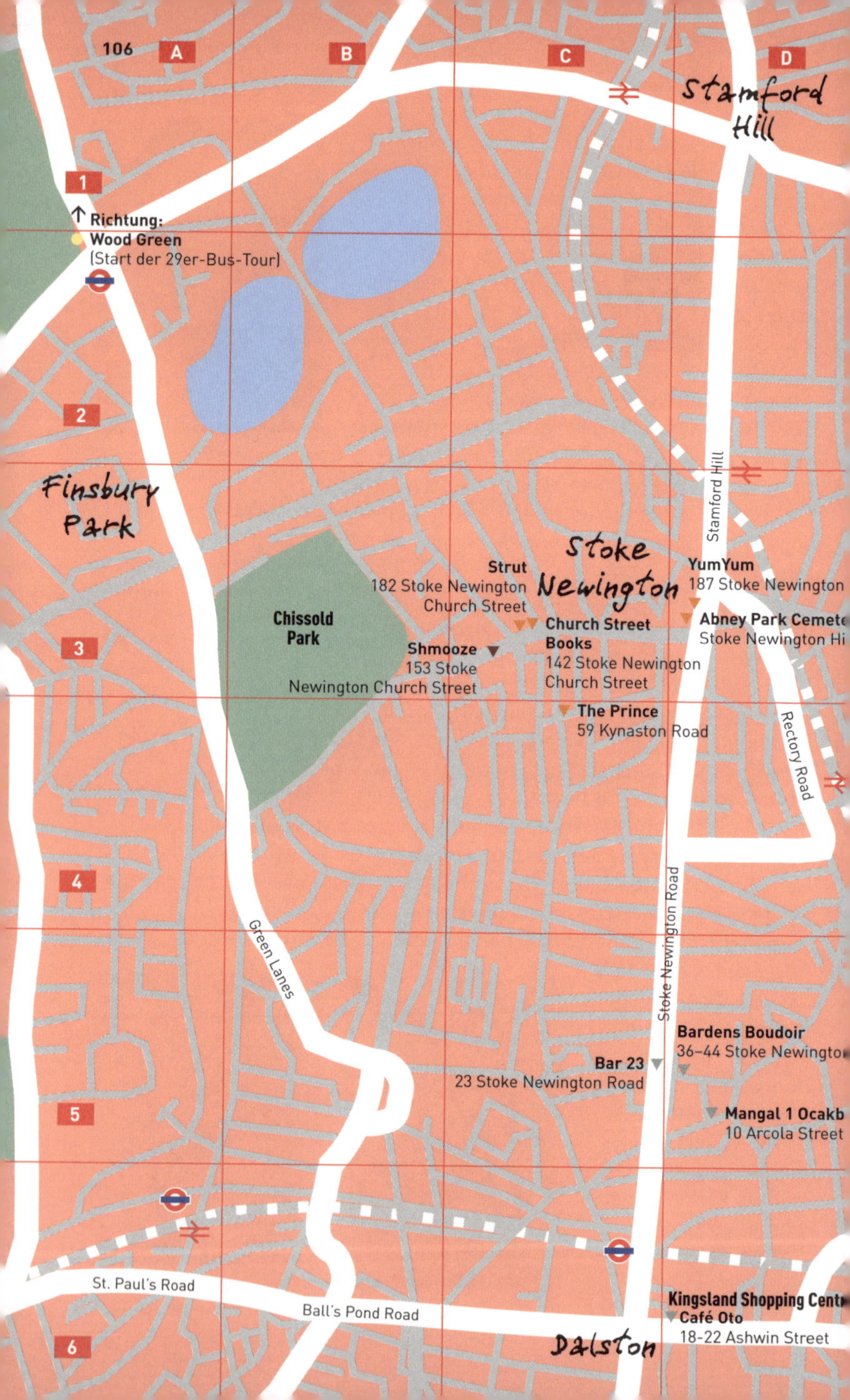
A
B
C
D
1
2
3
4
5
6
Stamford Hill
Richtung:
Wood Green
(Start der 29er-Bus-Tour)
Finsbury Park
Stamford Hill
Stoke Newington
Strut
182 Stoke Newington Church Street
YumYum
187 Stoke Newington
Chissold Park
Church Street Books
142 Stoke Newington Church Street
Abney Park Cemete
Stoke Newington Hi
Shmooze
153 Stoke Newington Church Street
The Prince
59 Kynaston Road
Rectory Road
Green Lanes
Stoke Newington Road
Bardens Boudoir
36–44 Stoke Newingto
Bar 23
23 Stoke Newington Road
Mangal 1 Ocakb
10 Arcola Street
St. Paul's Road
Ball's Pond Road
Kingsland Shopping Centr
Café Oto
18-22 Ashwin Street
Dalston

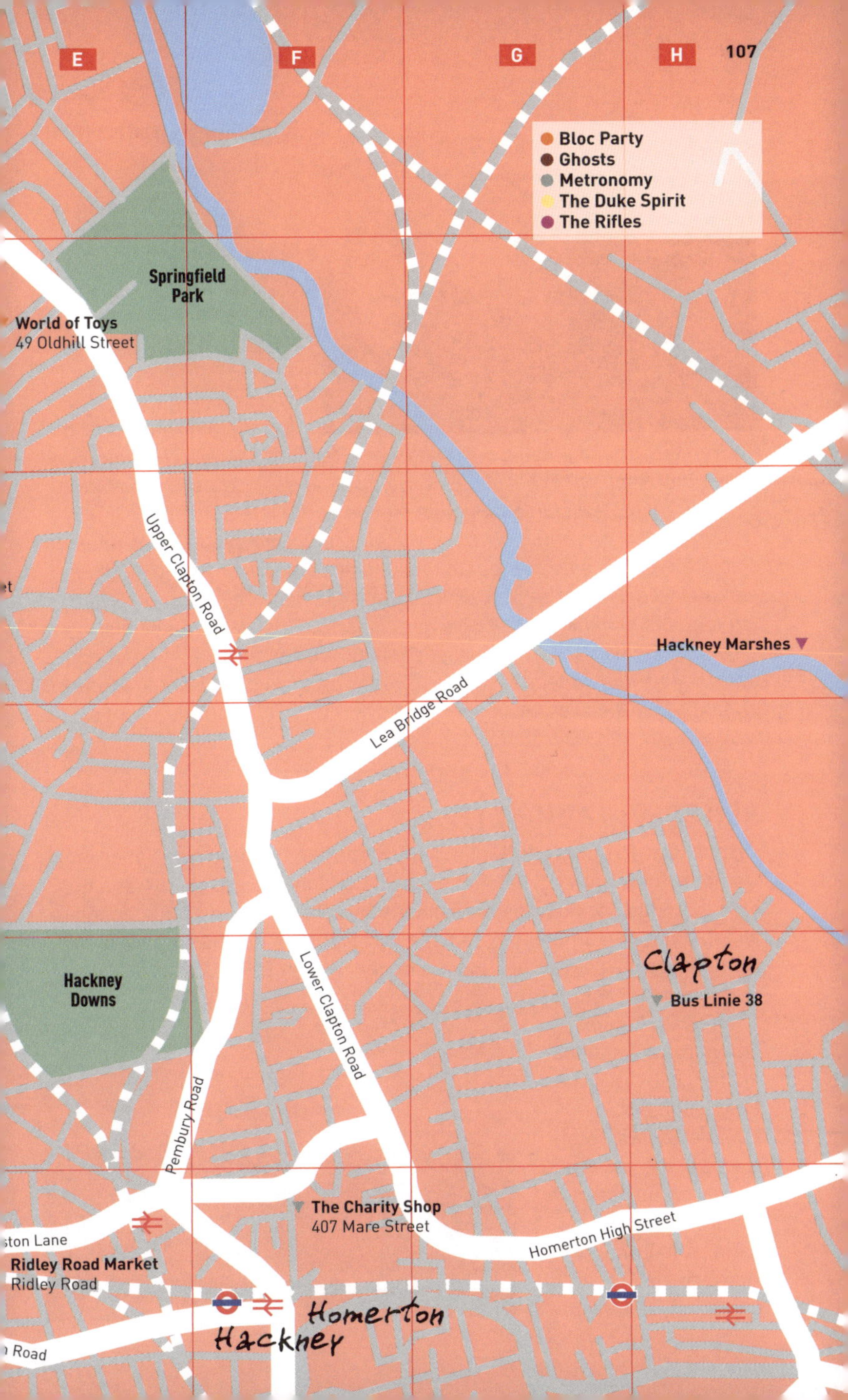
E
F
G
H
Bloc Party
Ghosts
Metronomy
The Duke Spirit
The Rifles
Springfield Park
World of Toys
49 Oldhill Street
Upper Clapton Road
Lea Bridge Road
Hackney Marshes
Clapton
Bus Linie 38
Hackney Downs
Lower Clapton Road
Pembury Road
The Charity Shop
407 Mare Street
Homerton High Street
ston Lane
Ridley Road Market
Ridley Road
Homerton
Hackney
Road

Multikulturell
von Joseph Mount, Gabriel Stebbing und Oscar Cash
[Metronomy]

Joseph: »Vor fünf bis zehn Jahren wohnten die ganzen Künstler im Stadtteil Shoreditch. Viele Cafés und Shops haben sich deswegen dort angesiedelt und die Mieten schnellten in die Höhe. Eine ganze Menge Leute mussten deshalb wegziehen und es verschlug sie nach Hackney und Dalston. In diesen beiden Gebieten gibt es eine Menge Hochhausblocks und die Gegend ist eher verrufen. Aber eigentlich ist es keine so schlechte Gegend zum Leben. Ich kam bislang noch nie in Schwierigkeiten. Außerdem gibt es hier eine gute Gemeinschaft verschiedenster Kulturen. Viele Türken, Afroamerikaner und Juden leben hier, sodass es wirklich sehr multikulturell zugeht. Aber eine reiche Gegend ist es nun wirklich nicht.«

SEHENSWÜRDIGKEIT

Joseph: Der **Primrose Hill** ist ein zauberhafter Hügel in der Nähe von Camden Town – und gleich neben dem London Zoo gelegen. Wenn du also in London unterwegs bist und ein bisschen frische Luft schnappen willst, dann geh am besten dort hin und wandere ein bisschen umher. Du hast von diesem Hügel aus einen ganz tollen Blick über die Londoner Innenstadt.

© M. Kolb / M. Schreiner

Gabriel: Du kannst den ganzen Tag beobachten, wie die vielen Flugzeuge auf Landeerlaubnis warten bzw. wie sie von Heathrow aus starten.
Oscar: Im Sommer kann es in London ziemlich heiß werden und dann ist es wun-

dervoll, einfach auf dem Hügel im Gras zu liegen und die Aussicht zu genießen. Aber das Gebiet Primrose Hill ist besonders auch bei Rockstars und Supermodels ein sehr beliebter Wohnort. Unter anderem haben Kate Moss, Amy Winehouse und Johnny Borrell dort Häuser. Wenn du Glück hast, kannst du dort einen Celebrity mit seinem kleinen Kläffer Gassi gehen sehen. ▷ Primrose Hill | Karte S. 92-93, C6

Kew Gardens: riesengroß und königlich.

Gabriel: Die **Kew Gardens** liegen im Südwesten Londons. Diese Gärten sind riesengroß und königlich. Man muss allerdings Eintritt bezahlen.
Joseph: Es gibt eine große Artenvielfalt an Bäumen, Sträuchern und Blumen aus der ganzen Welt. Das ist einer der Gründe, warum wir London so mögen: Es gibt eine große Anzahl von Parkanlagen, die gehegt und gepflegt werden.
▷ Kew Gardens, Richmond; www.kew.org | Karte S. 86, C2

MUSEUM

Joseph: Das **British Museum** besitzt eine Sammlung all der Dinge, die die Briten über Jahrhunderte von anderen Nationen ergaunert haben, wie beispielsweise griechische Statuen und Kunstwerke aus dem alten Ägypten. Die haben sich munter überall bedient und nun kann man es sich hier umsonst ansehen.
Carlos: Gelegentlich hört man Geschichten über Schuldgefühle der Briten und dass sie Exponate an bestimmte Länder zurückgeben würden.
Joseph: Vor einigen Jahren gab es zwischen Großbritannien und Griechenland einen Streit. Die Griechen verlangten ihre Statuen, die Elgin Marbles, zurück, die wir ihnen 200 Jahre zuvor entwendet hatten. Aber die Briten blieben standhaft und sagten »Nein!«
Carlos: Vor nicht allzu langer Zeit wurde im Museum ein großes, schönes Glasdach aufgezogen. Zuvor gab es in der Mitte des Museums einen Teil, der außen gelegen war. Aber nun, da dieser Teil überdacht ist, sieht es schöner aus und man kann dort nett sitzen und Tee trinken.
▷ Great Russell Street; www.britishmuseum.org | Karte S. 24-25, F5

Alle Fotos: © M. Kolb/M. Schreiner

KNEIPE/BAR

Carlos: Wir lieben die **Bar 23**. Wir nennen sie gerne »The Holiday Bar«, weil man sich dort an einem warmen Sommerabend wie im Urlaub in Griechenland fühlt. Die Bar liegt zwar genau an einer Hauptverkehrsstraße, aber man fühlt sich dort trotzdem wohl. Sie ist bis spät in die Nacht geöffnet. Die Bar 23 liegt im türkischen Gebiet von Dalston. Das Essen in dieser Gegend ist toll und man kann es sogar mit in die Bar nehmen. Die Getränkepreise dort sind wirklich niedrig, aber dafür liegt der Laden auch etwas ab vom Schuss. An manchen Tagen legen DJs Elektro, New Wave und 90er-Musik auf. ▷ 23 Stoke Newington Road | Karte S. 106-107, C5

Joseph: **Café Oto** ist ein echt cooles Café in Dalston, in dem abends recht experimentelle Musik läuft. Es ist wunderschön, dort im Sommer tagsüber draußen zu sitzen.
▷ 18-22 Ashwin St.; www.cafeoto.co.uk | Karte S. 106-107, D6

CLUB

Joseph: **Bardens Boudoir** befindet sich genau gegenüber der Bar 23. Das ist ein cooler, kleiner Club, in dem regelmäßig Konzerte stattfinden. Oft gibt es im Anschluss daran noch eine Party. Der Club wartet gerne mit tollen Bands aus Amerika auf, die zuvor noch nie in Britannien gespielt haben. Manchmal sind das allerdings auch sehr bizarre Acts. Am Wochenende gibt es immer eine Veranstaltung namens »Club Motherfucker«, die verschiedene Musikrichtungen abdeckt. Die Belegschaft und auch das Publikum sind sehr nett.

Gabriel: Eine andere sehr gute Veranstaltung im Bardens nennt sich »Twee As Fuck«. Hier legen die DJs guten Indiepop auf. Komischerweise haben die Veranstaltungen dort allesamt ungezogene Namen. ▷ 36-44 Stoke Newington Rd., www.bardensboudoir.co.uk | Karte S. 106-107, D5

Gabriel: In der türkischen Gegend gibt es noch die **Buffalo Bar**. Hier hat man das Gefühl, dass die Bar mal für eine türkische Gemeinschaft eröffnet wurde, jetzt aber von den ganzen trendy Kids aus dem Osten der Stadt vereinnahmt wird. Auch hier kannst du dir Konzerte ansehen und es finden manchmal sogar Secret-Shows von bekannten Bands wie The Kooks, The Duke Sprit oder den Futureheads statt.
▷ 259 Upper Street, www.buffalobar.co.uk | Karte S. 48-49, A2

RESTAURANT

© M. Kolb / M. Schreiner

Oscar: Da es in unserer Gegend so viele unterschiedliche Gemeinschaften gibt, haben wir eine gute Auswahl an tollen Küchen von vietnamesisch über koreanisch bis hin zu türkisch – und das alles innerhalb von einer Quadratmeile.
Joseph: Das **Mangal 1 Ocakbasi**-Restaurant ist direkt bei uns um die Ecke und es ist eines der besten billigen türkischen Restaurants in unserem Stadtteil. Der Laden ist echt korrekt: mit einem offenen Grill! Man kann sogar seinen eigenen Wein oder andere alkoholische Getränke mitbringen. Die Leute stehen dort meistens Schlange. Und es hat bis spät in die Nacht geöffnet.
Joseph: Das Essen ist verdammt gut und die Angestellten sind immer super freundlich. Ich liebe das Lammkotelett und diese kleinen, gerollten Teile, die wie eine Roulade aussehen. Du kannst in dieser Gegend an jeder Ecke Kebab essen, aber meistens sind die Läden ziemlich schäbig. Das Mangal 1 bereitet Kebab und Köfte zu, die sensationell schmecken.
▷ 10 Arcola St.; www.mangal1.com | Karte S. 106-107, D5

Joseph: Auf der Mare Street gibt es verwirrenderweise gleich zwei Restaurants namens **Tre Viet**. Wir empfehlen das kleinere der beiden. Es ist ein vietnamesisches Restaurant, in dem du den Papayasalat probieren musst. Sie haben auch Gerichte wie gebratene Ziege, die wirklich schmackhaft ist, auf der Karte. Auch ins Tre Viet darf man seinen eigenen Alkohol mitbringen. ▷ 251 Mare Street | Karte S. 48-49, G1

PLATTENLADEN

Oscar: **Rough Trade East** – alle anderen unabhängigen Plattenläden haben sich gefragt, was sie gegen die schlechte Lage der Musikindustrie tun können. Rough Trade hat einfach den ganzen Back-Catalogue behalten und überlebt. Du kannst in dem Laden wirklich massig Zeit verbringen. Sogar ein Café ist integriert. Von Zeit zu Zeit veranstalten sie im Laden kleine Instore-Konzerte. Wir haben sogar schon einmal einen Gig dort gespielt. Das war wirklich fantastisch. Rough Trade ist vielleicht der freundlichste und am besten ausgestattete Plattenladen in London.

▷ Old Truman Brewery, 91 Brick Lane; www.roughtrade.com | Karte S. 48-49, D6

METRONOMYS ELEKTROBAUKASTEN

Zunächst versteckte sich hinter dem Pseudonym Metronomy nur der junge Joseph Mount aus Devon, der im Alleingang und ohne Vocals lustige Atari-Sounds zu Songs zusammenbastelte, bevor er von Englands Indie-DJ-Papst Erol Alkan entdeckt wurde. Schnell trommelte er seine Schulfreunde Oscar und Gabriel zusammen, um seine Songs auch live und fortan mit Gesang darbieten zu können. Neben der schrägen Elektroclash-Pop-Combo agiert das Trio auch erfolgreich als Remixer für Acts wie Goldfrapp, Franz Ferdinand und Ladytron.

KLAMOTTENLADEN

Joseph: Ich mag **Uniqlo** sehr, weil es dort günstig ist und man Klamotten in unifarben bekommen kann. Ich gehe oft dort einkaufen: Die Qualität der Kleidung ist gut. Außerdem finde ich ihre Jeans toll, weil die Schnitte gut ausfallen. Uniqlo ist zwar auch eine relativ große Kette, aber ihre Klamotten sind einfach simpler als die von H&M oder Topman. Sie haben sozusagen praktische Kleidung.

▷ Flagship Store London: 311 Oxford Street; www.uniqlo.co.uk | Karte S. 24-25, D5

Joseph: **The Charity Shop** hat manchmal gutes Zeug im Angebot. Aber leider sind solche Charityläden in London nicht sonderlich gut, weil sie meistens Kleidung billig ankaufen, um sie dann teuer zu verkaufen. Manchmal kann man aber echte Schnäppchen und nette Sachen finden. *Oscar:* Der wohltätige Zweck, für den der Shop verkauft, wird aber nicht wirklich beim Namen genannt. Das Geschäft heißt schlicht nur »The Charity Shop«. Wahrscheinlich werden die Einnahmen einer lokalen Einrichtung gespendet. ▷ 407 Mare Street | Karte S. 106-107, D5

SCHUHGESCHÄFT

Joseph: Jeder in Shoreditch, Dalston, Hackney – ja überall – trägt im Moment die gleiche Art von Schuhen, die weiß sind und wie Keds aussehen. Auf der Cheshire Street gibt es einen Schuhladen namens **Blackman's**, der im Besitz eines alten Knackers ist und Berge von diesen weißen Turnschuhen verkauft. Aber leg dich bloß nicht mit dem Typen an.

Gib ihm einfach einen Fünfer, nimm deine neuen Schuhe und such das Weite. Anderenfalls wird der Typ echt sauer. Er verkauft diese Schuhe derzeit wirklich massenweise. ▷ 42-44 Cheshire St. | Karte S. 48-49, E4

Alle Fotos: © M. Kolb / M. Schreiner

Oscar: Wenn du deine Schuhe mal variieren möchtest und nicht immer diese weißen Treter von dem alten Kerl tragen willst, dann geh am besten ins **Kazmattazz**. Das Geschäft wird von einem Pärchen betrieben. Der Verkäufer kleidet sich, als ob er ein HipHop-Star wäre. Die verkaufen die besten Turnschuhe, die man finden kann. Beide haben eine wahre Passion für ausgefallene Sneakers.
▷ 39 Hoxton Square; www.myspace.com/kazmattazz | Karte S. 48-49, D4

BESONDERHEITEN

Oscar: Mach eine **Bootsfahrt auf der Themse von der Anlegestelle Embankment nach Greenwich**. An der Themse werden ziemlich viele Bootstouren angeboten. Wir haben einen heißen Tipp: Mit der »Oyster Card« sind Fahrten mit der U-Bahn, dem Bus und eben dem Boot billiger. Diese Karte kostet zwei Pfund, ist aufladbar und reduziert den Preis auf den günstigsten Tarif einer Einzelfahrt. Wenn du bar bezahlst, kostet dich eine Fahrt normalerweise zwei Pfund, mit der Oyster Card jedoch nur noch 99 Pence. Es macht also wirklich Sinn, sich diese Karte zu kaufen, allerdings nur dann, wenn man nicht länger in der Stadt bleiben will, denn dann lohnt sich schon wieder eine Tages- oder Wochenkarte. Jetzt aber mal zum Punkt: Wenn du also zur Haltestelle Embankment gehst, die Teil des öffentlichen Nahverkehrssystems ist, zahl und nimm eine gewöhnliche Fähre, die kein Touriboot ist. Das ist billiger und mindestens genauso gut. Die Fähren fahren den ganzen Tag über die Themse rauf und runter. Die Steuermänner haben sogar damit begonnen, den Fahrgästen über ihre Mikrofone Dinge über die Sehenswürdigkeiten, an denen man vorbeischippert, zu erzählen. Somit ist das wirklich die günstigste und netteste Art, eine Bootstour auf der Themse zu unternehmen. Wenn du dann in Greenwich angekommen bist, hast du die Möglichkeit, dir die Uni anzusehen oder im großen Greenwich Park die tolle Aussicht auf Canary Wharf mit vielen neuen

Gebäuden zu genießen. Du kannst aber auch zum **Royal Observatory** laufen, um dich auf den Nullmeridian zu stellen – also sozusagen »auf die Zeit«. Alle Museen dort sind kostenlos. Das alte Royal Observatory mit seiner Galerie und dem Planetarium solltest du dir unbedingt ansehen, es ist wirklich hübsch. ▷ Transport for London: www.tfl.gov.uk / Royal Observatory: Blackheath Avenue, Greenwich, www.nmm.ac.uk | Karte S. 62-63, G3

Joseph: Am **Regent's Canal entlang von Dalston nach Limehouse** zu spazieren ist wirklich nett. Eigentlich beginnt dieser Weg in Paddington und führt nach Limehouse, wo der Regent's Canal in die Themse mündet. Der Weg ist echt schön, dauert aber auch ein paar Stunden. Wenn du dann in Limehouse angekommen bist, kannst du dich auch in einem der vielen netten Pubs mit einem Bier belohnen. ▷ Karte S. 48-49, D2-H3

© Katy Murray

Gabriel: Der **Richmond Park** ist riesig. Dort gibt es Hirsche und Rehe, die nicht scheu sind, sodass man ihnen recht nahe kommen kann. Im Hintergrund sind Wohnblocks zu sehen, was die ganze Szenerie bizarr macht. ▷ Nahe Richmond, im Südwesten Londons; www.royalparks.org.uk/parks/richmond_park | Karte S. 86, D6

Joseph: Ein Besuch auf dem **Ridley Road Market** ist die beste Möglichkeit, den verrückten Teil vom Osten Londons kennenzulernen.
Oscar: Es wird gemunkelt, dass das der Markt ist, der für die Seifenoper *East Enders* Pate stand. Einige Leute sagen vielleicht, dass jeder Markt gleich aussieht, aber dieser ist speziell, weil er deutlich von der karibischen Bevölkerung beeinflusst wurde, die an jeder Ecke einen Fischstand betreibt. Aber auch Stände mit Handys und Zubehör findet man dort in Hülle und Fülle. ▷ Ridley Road, Dalston | Karte S. 106-107, E6

Joseph: Wir wollen niemanden zu einer Straftat animieren, aber falls du eine Freifahrt von Dalston in die Londoner Innenstadt machen möchtest, nimm den **Bus der Linie 38**. Normalerweise musst du natürlich dafür bezahlen, denn wenn du ohne Ticket erwischt wirst, latzt du 20 Pfund Strafe. Aber auf der Linie 38 ist es anders: Das sind Ziehharmonikabusse, bei denen man hinten einsteigen kann, ohne am Busfahrer vorbei zu müssen. Das sollte man mal gemacht haben – alleine wegen des Adrenalinkicks. ▷ Die Buslinie 38 fährt von Clapton über Hackney, Islington und Piccadilly Circus zur Victoria Station | Karte S. 106-107, H5

Down on the City Farm in Hackney
von Tobias Josef Kidd
[Gitarrist und Sänger von Hatcham Social]

»Derzeit leben wir hauptsächlich in und um Hackney, obwohl wir alle auch schon längere Zeit im Süden und Norden der Stadt gewohnt haben.«

SEHENSWÜRDIGKEIT

© Hackney City Farm

Wenn du Tiere magst, dann ist die **Hackney City Farm** einen Besuch wert. Es gibt dort viele Tiere, die man auf einem Bauernhof findet. Wir haben dort einmal eine Maus für eines unserer Musikvideos gefilmt. Das Material wurde aber nicht verwendet.

▷ 1a Goldsmiths Row; www.hackneycityfarm.co.uk | Karte S. 48-49, E3

An unseren freien Tagen waren wir bei Sonnenschein oft in den **London Fields** oder im **Victoria Park**, um Fußball zu spielen und mit unseren Freunden zu picknicken. ▷ London Fields | Karte S. 48-49, F1

▷ Victoria Park| Karte S. 48-49, H2

GALERIE

Foto: Stephen White © White Cube

In der **White Cube Gallery** gibt es regelmäßig gute Ausstellungen. Zum Beispiel eine von den Chapman Brothers und eine von Edgar Allen Poe inspirierte Multi-Artist-Show.

▷ 48 Hoxton Square & 25–26 Mason's Yard; www.whitecube.com | Karte S. 48-49, C4

KNEIPE/BAR

The London Fields bringt langsam auch richtig gute Sachen an den Start. Die veranstalten beispielsweise regelmäßig ein Pubquiz oder einen

Flohmarkt-Platten-Abend, wo die skurrilsten Songs gespielt werden dürfen.
▷ 137 Mare Street, Hackney | Karte S. 48-49, F1

Der beste Pub in Shoreditch ist **The Griffin**.
▷ 93 Leonard Street, Shoreditch | Karte S. 48-49, C4

Das **George and Dragon** muss an dieser Stelle auch genannt werden. Dort legen gute DJs auf wie die Leute vom *Pix Magazine*.
▷ 2 Hackney Road, Shoreditch; www.myspace.com/georgeanddragon | Karte S. 48-49, D4

CLUB

Wenn du noch einmal wirklich spät vor die Tür gehen willst, dann am besten ins **The Joiners Arms**. Das ist eine Gay-Bar, die dienstagabends die beste Karaokeparty veranstaltet.
▷ 118 Hackney Road | Karte S. 62-63, D6

Clubnights, die vom DJ-Team »She Set« veranstaltet werden wie zum Beispiel **The Sect**, oder der Grunge-Abend **Sick Club**. Auch nicht schlecht: der **Dice Club**. ▷ The Sect: wechselnde Locations; www.myspace.com/jointhesect
▷ Sick Club: jeden Montag in den Electricity Showrooms, 39a Hoxton Square, Shoreditch; www.myspace.com/sickclub | Karte S. 48-49, C4
▷ Dice Club: in The Hoxton Bar And Kitchen, 2–4 Hoxton Square, Shoreditch; www.myspace.com/diceclublondon | Karte S. 48-49, C4

RESTAURANT

Beide Bagel-Läden auf der Brick Lane, **Beigel Bake** und **Britain's First & Best Beigel Shop**, sind preiswert und die Beläge reichhaltig. Es gibt immer Diskussionen, welcher der beiden Bagelbäcker der bessere ist. Die Debatten sind schon so heftig gewesen, dass es bei einigen der Streitereien fast zu Handgreiflichkeiten

Von oben: The Griffin, George and Dragon, The Joiners Arms.

gekommen wäre. Wenn du dir mal etwas Gutes gönnen willst, dann kauf dir dort ein Hot Salt Beef Sandwich. Dave isst immer einen Bagel mit Räucherlachs und Frischkäse. Ich mag die Thunfischvariante am liebsten. Du kannst dort auch günstigen Tee, Kaffee oder heiße Schokolade bekommen. Und, was besonders klasse ist: Beide Läden haben sieben Tage die Woche rund um die Uhr geöffnet!

▷ Brick Lane Beigel Bake: 159 Brick Lane | Karte S. 48-49, E4

▷ Britain's First & Best Beigel Shop: 155 Brick Lane | Karte S. 48-49, E4/5

KLAMOTTENLADEN/SCHUHGESCHÄFT

Beyond Retro und **Rokit** sind beide super für Vintageschuhe und -kleidung. Die Hälfte unserer Freunde arbeitet in dem einen oder anderen der beiden Geschäfte. Es gibt auch noch ein paar weitere gute Läden rund ums Hackney Empire. ▷ Beyond Retro: 110–112 Cheshire St. oder 58-59 Great Marlborough St.; www.beyondretro.com | Karte S. 48-49, E4 / 24-25, D/E 5

▷ Rokit: 101 & 107 Brick Lane; www.rokit.co.uk | Karte S. 48-49, E5

BESONDERHEITEN

Wenn du romantisch veranlagt bist, dann mach sonntags einen Ausflug auf den **Columbia Road Flower Market**. Er ist zwar immer sehr voll und es ist nicht empfehlenswert, wenn du unter Heuschnupfen leidest, aber er ist wirklich sehr schön. In derselben Straße gibt es auch einen tollen **Pie & Mash Imbiss**, für eine Pause mit einem guten Mittagessen.

▷ Columbia Road; www.columbia-flower-market.freewebspace.com | Karte S. 48-49, E4

© M. Kolb/M. Schreiner

SHOEGAZE IST NICHT TOT! HATCHAM SOCIAL

Tim Burgess von The Charlatans produzierte das Debüt *You Dig The Tunnel, I'll Hide The Soil* von Hatcham Social und ist zudem großer Supporter der Band. Die Musik der Brüder Toby und Finnigan Kidd, die mit Dave Fineberg sowie Jerome Watson die Band komplettmachen, irrt irgendwo zwischen dem 80er-Sound von The Smiths und Echo & The Bunnymen. Damit sorgen die literarisch begeisterten Musiker nicht nur auf der Insel für Aufsehen.

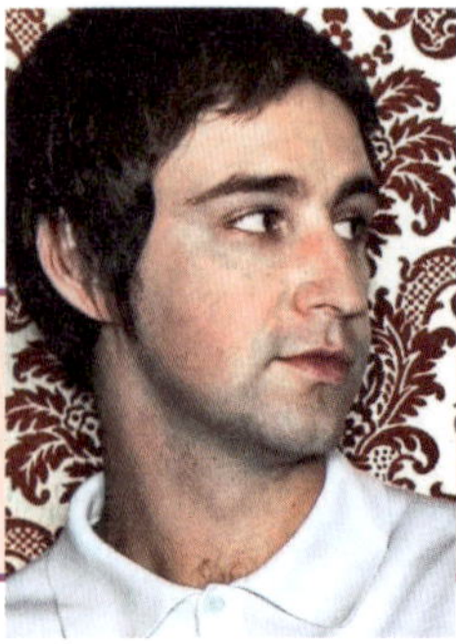

Chingford – Ein verrückter kleiner Ort mit Joel Stoker [Sänger und Gitarrist von The Rifles]

»Chingford ist ein Stadtteil von London, in dem wir wohnen, direkt neben Walthamstow im Osten der Stadt.«

und Grant Marsh [Schlagzeuger von The Rifles]

SEHENSWÜRDIGKEIT

Grant: **All Saints (Old Church)** – weil das ganz in der Nähe von meinem Haus ist. Eine Kirche auf der Spitze eines Berges, die sehr sehr sehr alt ist. Einer meiner Lieblingsorte. Ich laufe dort jedes Mal hoch, wenn ich betrunken bin, und genieße einfach nur die Aussicht. Eine richtige Sehenswürdigkeit. ▷ Old Church Road | Karte S. 120, A3

© Joel Stoker

Joel: Die **Hackney Marshes**. Letzte Woche, als ich in einem Aufnahmestudio in Ost-London aufgenommen habe, sind wir an den Hackney Marshes vorbeigekommen. Das sind viele Fußballplätze, alle nebeneinander. Als Kind habe ich hier oft gekickt und als wir dran vorbeigefahren sind, kamen lauter schöne Erinnerungen an die Zeit zurück. ▷ Am Westufer des Lee im Londoner Berzirk Hackney | Karte S. 106-107, H3

RESTAURANT

Grant: Wenn ich in Chingford bin, dann esse ich ausschließlich bei **Kebab World**. Dort gibt es fantastische Kebabs.
▷ 67 Old Church Road | Karte S. 120, A4

Joel: Ich geh am liebsten zu **Nam An** in Wanstead. Ein richtig toller Vietnamese, bei dem ihr unbedingt »Fish and Pancakes« essen solltet.
▷ 157 High Street, Wanstead | Karte S. 120, D4

KNEIPE/BAR

Joel: **Larkshall** ist ganz in der Nähe meines Hauses, ein ruhiger, aber richtig gemütlicher Pub, in den ich gerne auf ein Glas Bier reinschaue. Die Jukebox ist auch gut bestückt. Wenn wir auf Tour sind, sind wir selber immer laut und ständig unter Strom; Larkshall ist unsere Oase der Ruhe. An den Wänden hängen lauter alte Waffen. Wenn es dort mal Ärger gibt, wird das die Hölle ... aber zum Glück ist das nicht der Ort, an dem eine Massenschlägerei sehr wahrscheinlich ist.
▷ 205 Larkshall Road | Karte S. 120, C5

Grant: **The Standard** – auch ein Auftrittsort für Bands. Hier haben wir unseren allerersten Gig gespielt. Heute spielen dort immer noch Bands, aber hauptsächlich Coverbands. Ich hab dort schon harte Sachen getrunken, als ich das noch gar nicht durfte.
▷ 1 Blackhorse Lane, Walthamstow; www.standardmusicvenue.co.uk | Karte S. 120, A6

A
B
C
D
1
2
3
4
5
6
Record Detector
4 Station Approach
Station Road
Kings Head Hill
Mansfield Hill
Chingford
King's Road
Old Church Rd.
All Saints /
Die Gräber der Krays
121 Old Church Road
Kebab Word
67 Old Church Road
New Road
Richtung:
Nam An
157 High Street
Wanstead
Larkshall
205 Larkshall Road
Richtung:
The Standard
1 Blackhorse Lane
Walthamstow
The Rifles

CLUB

Grant: Meine Freunde haben gerade erst einen Club aufgemacht, der **This Feeling** heißt und deswegen und überhaupt momentan mein Lieblingsclub ist.

▷ 47 Chiswell Street, Islington; www.thisfeeling.co.uk | Karte S. 48-49, B5

PLATTENLADEN

Grant: In der Nähe der U-Bahn-Station Chingford gibt es einen Plattenladen, **Record Detector**. Sieht aus wie eine kleine Hütte und ist vollgestellt mit Vinyl. Den Laden gibts schon seit einiger Zeit.
Joel: Ich bin dort schon seit Schulzeiten Stammkunde. Der Besitzer heißt Jack und sitzt den ganzen Tag fast bewegungslos zwischen den Platten rum. Man kann sich dadrin kaum umdrehen, so eng ist es. Und jedes Mal, wenn man wieder reinschaut, ist es noch enger geworden, weil wieder neue Ware angekommen ist. Ein verrückter kleiner Ort.

▷ 4 Station Approach, Station Road| Karte S. 120, D1

BESONDERHEITEN

Grant: **Die Gräber der Krays** sind eine besondere Sehenswürdigkeit in Chingford. Ronnie und Reggie Kray waren zwei berühmte Gangster, Zwillingsbrüder aus Ost-London, und begraben sind sie in Chingford auf dem Friedhof direkt gegenüber der alten Kirche.

▷ 121 Old Church Road | Karte S. 120, A3

DER INDIE-TRAVEL-GOURMET-TIPP:

Der Trifle ist ein besonders leckeres englisches Dessert, das du unbedingt einmal probieren solltest, wenn du auf der Insel verweilst. Die Süßspeise, die aus mehreren Schichten getränktem Biskuit, Marmelade oder in Gelee eingelegten Früchten, Custard (einer Art Vanillepudding) und Schlagsahne besteht, kann man in jedem gut sortierten Supermarkt oder auch im Restaurant als Nachspeise bekommen. Das Trifle-Rezept gibt es bereits seit der Mitte des 18. Jahrhunderts.

Die goldene Mitte von Adam Ficek [Schlagzeuger der Babyshambles und Frontmann der Roses Kings Castles]

»Barnet ist ein bisschen begrünt. Wenn du aus Camden herauskommst und am betuchten Teil von Highgate vorbei bist, landest du in Finchley. Danach kommst du nach Barnet. Ich könnte niemals im Auge des Hurrikans existieren, will aber nah genug am pulsierenden Teil Londons wohnen, sodass ich abends mit dem Auto in etwa zehn Minuten in der Stadt sein kann oder tagsüber in 20 bis 30 Minuten. Barnet liegt glücklicherweise auch direkt an einer U-Bahn-Linie, die in die Stadt führt. Ich bin wohl eher ein Stadtfuchs, weil ich auf dem Land in der Nähe von London aufwuchs. Ich kann mich nie wirklich entscheiden, ob ich nun lieber einen Baum oder ein Hochhaus sehen möchte, wenn ich nach draußen gehe. Deshalb habe ich mich für die Mitte zwischen beiden Extremen entschieden und wohne in Barnet.«

SEHENSWÜRDIGKEIT

© M. Kolb / M. Schreiner

Die Bank direkt unter der Waterloo-Bridge vor dem National Film Theatre in South Bank. Es scheint mir so, als ob ich an einem schönen, heißen Tag, an dem ich alles, was um mich herum passiert, vergessen möchte, immer wieder an diesem einen Fleck auf dieser bestimmten Bank lande. Dann schaue ich von der Bank vor dem Buchstand einfach, wie das Wasser der Themse vorbeifließt. Ich genieße von dort aus die Aussicht auf London. Der Ort ist wirklich schön, denn wenn du dich dort umsiehst, kannst du alles erkennen: die Houses of Parliament, die hohen Gebäude wie das MI6-Building und vieles mehr. Und wenn du den Hals ein bisschen reckst, kannst du sogar die großen Brücken sehen. Die Gegend South Bank, direkt am Ufer der Themse, ist sehr speziell. Ich weiß nicht genau, was mir an der Gegend so gut gefällt, aber ich mag sie wirklich sehr. Einige Plätze und Gegenden in London können sehr deprimierend sein, aber South

Bank ist das totale Gegenteil und strahlt für mich eine besondere Wärme aus. Die Energie dort ist sehr positiv. Vielleicht liegt es am Wasser und an der ganzen Sache mit der Entionisierung. ▷ Unter der Waterloo Bridge/ South Bank | Karte S. 62-63, A1

DIE SACHE MIT DER ENTIONISIERUNG ...

Adam glaubt daran, dass die negativen Stimmungen in ihm, also die negativen »Ionen« sich am Wasser in positive Teilchen umwandeln. Zumindest fühlt er sich sofort wohl, wann immer er am Wasser – sei es Fluss, Meer oder See – ist. Er nennt das ganze Entionisierung.

GALERIE/MUSEUM

Ich mag das **Imperial War Museum**, weil ich ein Faible für Kriegserinnerungsstücke habe, speziell für Kriegsflugzeuge. Ich finde es verdammt interessant, mir Uniformen, Gewehre, Munition, Maschinen und Waffen anzusehen, mit denen sich die Menschen früher attackiert haben. Wenn ich also einmal Zeit finde, ins Museum zu gehen, dann ziehe ich los und schaue mir das Imperial War Museum an.
▷ Lambeth Road; www.iwm.org.uk | Karte S. 62-63, B4

© IWM Courtesy Imperial War Museum

»We salute you!« – Imperial War Museum.

Ich kann nicht wirklich von mir behaupten, dass ich mich mit Kunst auskenne, aber das **Tate Modern** ist ein großartiges Museum. Geh am besten nach 19 Uhr, kurz bevor das Museum schließt, dorthin. Um diese Zeit sind nicht mehr allzu viele Leute dort, sodass du dich entspannt umsehen kannst. Es gibt dort unglaublich viele Kunstwerke und wenn du abends dort fast einsam unterwegs bist, kommt es dir so vor, als ob du diese ganzen Dinge ganz für dich alleine hast.
▷ Bankside; www.tate.org.uk | Karte S. 62-63, D2

© Tate Photography

Tate Modern.

KNEIPE/BAR

Bradley's Spanish Bar erinnert mich an alte englische Pubs aus klassischen Filmen wie *Blow Up*. Die Bar liegt in einer Seitenstraße im West End und ich kann mir gut vorstellen, dass dort früher in den 60ern einmal Jazzbands gespielt haben. Du musst aber erst einmal ein paar alte, düstere Treppenstufen zu dieser

Adam (rechts) weiß, wo's reingeht: Bradley's Spanish Bar.

Kellerbar hinuntergehen. Der Laden ist klein, aber die Jukebox – bestückt mit wirklich alten Songs – ist der Hammer! Das ist es wirklich wert, mal dort hinunterzugehen. Das Bradley's ist zwar in der Nähe der Oxford Street, aber wenn du drin sitzt, fühlst du dich, als ob es eine Million Meilen von London entfernt wäre – fast wie in einer anderen Welt.

▷ 42-44 Hanway Street | Karte S. 24-25, E5

CLUB

In der **Rhythm Factory** wurde die ganze Babyshambles/Libertines-Szene sozusagen geboren. Ich habe diesen Ort in mein Herz geschlossen, weil ich dort zum ersten Mal einer Band beigetreten bin und sich meine harte Arbeit endlich ausgezahlt hat. Ich war zu jener Zeit plötzlich in der Lage, meinen Job aufgeben zu können, um das zu tun, was ich liebe. In diesem Club haben wir mit den Babyshambles verdammt oft gespielt. Er ist der dreckigste Club, den man sich vorstellen kann, und der Sound ist echt beschissen. Ich kann mich aber noch gut daran erinnern, wie Patrick einmal so glücklich war, dort zu sein, dass er alle Gitarrenriffs des ganzen Babyshambles-Sets auf seinem Rücken gespielt hat.

▷ 16-18 Whitechapel Road; www.rhythmfactory.co.uk | Karte S. 48-49, E6

PLATTENLADEN

Alan's Records in East Finchley ist direkt bei mir um die Ecke. Du kannst dir dort Stunden um die Ohren schlagen und dich durch alle möglichen Scheiben hören. Der Besitzer empfiehlt auch gerne mal welche. Daran erkennst du einen guten Plattenladen: Wenn dir die Belegschaft gute Platten empfiehlt. Besonders Jüngeren geben sie hier gerne Tipps für gute Bands, die du dir anhören solltest. Und sie lassen dir Zeit, dich umzusehen. Bei Alan's werden hauptsächlich Secondhand-CDs und alte Schallplatten verkauft. Du hast eine wunderbare Auswahl an 90er-Indie-Platten, was ich sehr toll finde.

▷ 218 High Rd.; www.alansrecords.com | Karte S. 92-93, F1

RESTAURANT

Cottons ist ein karibisches Restaurant, das ein fantastisches kreolisches Hühnchen zubereitet. Im Moment stehe ich total auf karibisches Essen. Bestell dir Hühnchen, Reis und Erbsen und du wirst es nicht bereuen!

▷ 55 Chalk Farm Road; www.cottons-restaurant.co.uk | Karte S. 92-93, D5/6

KLAMOTTENLADEN/SCHUHGESCHÄFT

Franco heißt der Schneider, der alle Anzüge näht, die ich trage. Seine Schneiderei heißt **Franco's Tailoring**. ▷ 35 Kingly Street | Karte S. 24-25, D6

Einer der zwei besten: Selfridges.

INDIE-TRAVEL-INFO: BARRATS / SHELLY'S

Früher hieß Barratts noch Shelly's – und war der wahrscheinlich größte Schuhladen in London auf der Oxford Street. Vor allem Doc Martens und die von Shelly's selbst produzierten Schnürstiefel zählten zu den Verkaufsrennern der 90er.

Der Schuhladentipp ist ziemlich einfach: **Barratts** oder **Selfridges**. Es gibt für mich keine besseren Läden im Kerngebiet Londons. Barratts ist speziell für Doc Martens empfehlenswert. Barratts und Selfridges sind so riesige Shops, dass du dort sicherlich etwas Passendes findest.

▷ Barratts: 297 Oxford Street; www.barratts.co.uk | Karte S. 24-25, D5

▷ Selfridges: 400 Oxford Street; www.selfridges.com | Karte S. 24-25, D5

John Smedley ist auch ein cooles Geschäft. Das ist eine dieser kleinen Boutiquen und die Qualität ihrer Wolle ist grandios. Ich muss zugeben: Der Laden ist ziemlich teuer. Aber alle in unserer Band tragen gerne die Pullover von John Smedley.

▷ 24 Brook St.; www.johnsmedley.com | Karte S. 24-25, D6

BESONDERHEITEN

Die **Camden High Street** für die Britpop-Erinnerungen: Wenn du damals in der Mitte der 90er, als noch diese ganze Blur/Oasis-Geschichte in vollem Gange war, in Camden unterwegs warst, hast du immer jemanden aus einer dieser Bands in einem der Pubs sitzen sehen. Zu dieser Zeit war Camden das Herz der britischen Musikszene. Als wir jünger waren, sind wir dorthin gepilgert, um uns mit neuer Musik einzudecken und um den Vibe dieser Londoner Gegend in uns aufzusaugen.

▷ Camden High Street | Karte S. 92-93, E6

MEHR ALS PETE D.: BABYSHAMBLES

Zwar sorgten die Babyshambles zu Anfang lediglich als neue Band von (Ex-)Libertine Pete Doherty für Furore, doch zeigte sich schnell, dass die Truppe einiges zu bieten hat. Mit ihren zwei Alben und Indie-Hits wie ›Fuck Forever‹ und ›Delivery‹ punkten die Herren bei den Fans. Neben Patrick Walden an der Gitarre und Drew McConnell am Bass sorgt vor allem Drummer Adam Ficek für das richtige Rhythmusgefühl. Auch als DJ und mit seiner Zweitband Roses Kings Castles kann er sich sehen und hören lassen.

Die **Old Street** ist ganz besonders, weil hier der Dreh- und Angelpunkt der Entstehung der Babyshambles ist. Hier begann für mich alles: Ich hab angefangen endlich das zu machen, was ich am meisten mag. All die Erinnerungen an die früheren Zeiten der Bandgründung, Proben und daran, eine gute Zeit zu haben, hängen mit der Old Street zusammen. ▷ Old St. | Karte S. 48-49, C4

© M. Kolb / M. Schreiner

Neuerdings mag ich die **Hampstead Heath**, um dort am See zu relaxen und zu entionisieren. Ich kann dort wirklich super von allem abschalten, das Grün und die frische Luft genießen. Weil ich ziemlich beschäftigt bin und nie Zeit habe, irgendwo hinzugehen, ist die Heath der beste und nächstgelegene Ort für mich.

▷ Highgate Road oder Parliament Hill, Camden | Karte S. 92-93, B2

VISIT LONDON!

GESCHICHTLICHES

DIE WICHTIGSTEN ECKDATEN ZUR STADTGESCHICHTE

Um 50 n. Chr. gründet der römische Kaiser Claudius die Provinz »Londinium« und errichtet wenig später eine Brücke über die Themse.

200 erhält Londinium eine Stadtmauer (London Wall) und hat jetzt schon 50 000 Einwohner.

450 wird London von den Angeln und Sachsen erobert, die später außerhalb der Stadtmauern die Stadt »Lundenwic« gründen.

796 wird Lundenwic Hauptstadt des angelsächsischen Reiches.

1042 besteigt Edward the Confessor den Thron und erklärt London zur Hauptstadt Englands.

1066 siegt William the Conquerer in der Schlacht bei Hastings und wird in Westminster Abbey zum König gekrönt.

1209 wird die London Bridge nach 33-jähriger Bauzeit eingeweiht. Sie bleibt bis zur Eröffnung der Westminster Bridge im Jahr 1750 die einzige Londoner Themsebrücke.

ab 1500 wird London unter Königin Elizabeth I zum wichtigsten Handels- und Wirtschaftszentrum Europas. Über 200 000 Menschen leben hier.

1664/1665 hält die Pest Einzug und kostet etwa 70 000 Londoner Bürger das Leben.

1666 tobt im September der große Brand von London, der 4/5 der Stadt in Schutt und Asche legt.

1863 wird die erste U-Bahn der Welt in London eröffnet. Sie verkehrt zwischen den Bahnhöfen Farringdon Street und Paddington Station.

1888 ist der mysteriöse Jack the Ripper für viele Frauenmorde verantwortlich.

1940/1941 werden durch schwere Luftangriffe der Deutschen (»The Blitz«) über eine Million Häuser zerstört und etwa 29 000 Bürger sterben.

1953 wird Elizabeth II im Juni in Westminster Abbey zur Königin gekrönt.

1960 werden die Swinging Sixties in London eingeläutet. Die Carnaby Street, Miniröcke und Twiggy sind die Symbole dieser wegweisenden Ära.

1968 arbeiten die Beatles an ihrem weltbekannten Album *Abbey Road* in den EMI-Studios in St. John's Wood.

1979 wird Margaret Thatcher erste Premierministerin Englands.

2000 wird erstmals nach 14 Jahren wieder ein Bürgermeister für London gewählt; 1986 war das Amt abgeschafft worden.

2003 wird die an Wochentagen für die Innenstadt geltende Straßenmaut eingeführt.

2005 erschüttern Terroranschläge in der U-Bahn und in einem Bus die Stadt schwer. London wird als Austragungsort der Olympischen Spiele 2012 ausgewählt.

2007 wird in öffentlichen Gebäuden und auf Bahnsteigen Rauchverbot verhängt.

2009 gerät durch den Spesenskandal nicht nur London in die Schlagzeilen, sondern vor allem das Parlament und seine Abgeordneten.

Heute hat London ca. 7,5 Millionen Einwohner in seinen 33 Bezirken (»Boroughs«) und zählt damit als bevölkerungsreichste Stadt der EU. Bei den Lebenshaltungskosten liegt London weltweit an dritter Stelle hinter Moskau und Tokio.

TOURISMUS

TOURISTEN-INFORMATION

Bevor deine Reiseplanung beginnt, kannst du dich entweder beim London Tourist Board oder beim britischen Fremdenverkehrsamt über London informieren. Hier bekommst du allgemeine Infos über die Stadt, Stadtpläne, Broschüren zu Veranstaltungen und Unterkünften, Nahverkehr, Tickets etc.

London Tourist Board:
www.visitlondon.com
Britisches Fremdenverkehrsamt:
www.visitbritain.de

Oder vor Ort:

Britain and London Visitor Centre
1 Lower Regent Street
Telefon: +44 (0)8701 566 366
Montag 9:30–18:30 Uhr, Dienstag bis Freitag 9:00–18:30 Uhr, Samstag und Sonntag 10:00–16:00 Uhr

City of London Information Centre
St. Paul's Churchyard
Telefon: +44 (0)20 733 21 456
Montag bis Samstag 9:30–17:30 Uhr, Sonntag 10:00–16:00 Uhr

London Information Centre
Leicester Square
Telefon: +44 (0)20 729 22 333
Täglich 8:00–24:00 Uhr

Weitere Informationsbüros findest du in den zentralen Bahnhöfen sowie am Flughafen Heathrow.

ANREISE

Mit dem Flugzeug
London hat gleich fünf Flughäfen, die von nationalen und internationalen Airlines angeflogen werden:

Heathrow ist der wichtigste Flughafen Londons und liegt 24 km westlich der Stadt. In Europa hat er die Poleposition inne, was das Passagieraufkommen angeht, weltweit liegt Heathrow auf Platz 3. Der Flughafen ist mit der Piccadilly-Line direkt ans U-Bahn-Netz Londons angeschlossen. Die Bahnen verkehren zwischen 5 und 23:45 Uhr und benötigen ca. 50 Minuten in die Innenstadt. Mit dem Heathrow Expresszug erreichst du das Zentrum zwischen 5 und 24 Uhr im Viertelstundentakt am Bahnhof Paddington innerhalb von 20 Minuten nonstop. Mit den Bussen des National-Express erreichst du die Flughäfen Gatwick, Luton und Stansted sowie die Victoria Coach Station im Stadtzentrum. Stadtlinienbusse fahren außerdem in die umliegenden Vororte.

Der **London City Airport** liegt in den Docklands, ca. 15 km von der Innenstadt entfernt. Seine Start- und Landebahn ist nur 1,5 km lang, weshalb der Flughafen nicht von allen Flugzeugtypen angeflogen werden darf. Die Station der Docklands Light Railway befindet sich direkt vor dem Terminalgebäude. Von hier aus fahren in den Stoßzeiten alle 8 Minuten Bahnen in Richtung der Station Bank, wo man in die Northern Line, Central Line und Waterloo & City Line der Londoner U-Bahn umsteigen kann.

Gatwick ist der zweitgrößte Flughafen und liegt südlich in der Grafschaft Sussex, rund 40 km von London entfernt. Viele Billigflieger steuern dieses Ziel an, da sie in Heathrow nicht landen dürfen. Unter dem South Terminal liegt der Bahnhof Gatwick Airport, von dem aus regelmäßig Züge gen Victoria Station fahren. Zudem gibt es einen Busbahnhof, von dem aus Fernlinienbusse fahren und Anschluss an den Heathrow Airport besteht.

Der Flughafen **Luton** liegt ca. 50 km nordwestlich von London. Er wird primär von Charterfluglinien angesteuert. Hier gibt es eine Eisenbahnstation (Luton Airport Parkway), von der aus du direkt mit der Thameslink-Bahn in ca. 30 Minuten zur St. Pancras Station gelangst.

Stansted ist ein ehemaliger Militärflughafen 55 km nordöstlich von London. Er wird von vielen Billigfliegern wie Ryanair, Easyjet, Air Berlin und Germanwings angeflogen. Die Stansted-Express-Bahnverbindung benötigt vom Bahnhof unter dem Flughafen etwa 50 Minuten bis zur Londoner Liverpool Street Station, ist aber im Vergleich zu Heathrow mit seiner U-Bahn-Anbindung sehr teuer und nicht wesentlich schneller. Günstiger kommst du mit einem der am Flughafen stoppenden Busse in die Stadt. Allerdings musst du dafür eine längere Fahrtzeit in Kauf nehmen.

Mit der Bahn

Seit 2007 ist der Bahnhof St. Pancras International zentraler Anfahrtspunkt der Eurostar-Züge vom europäischen Festland aus (von/nach Lille, Paris und Brüssel).

Mit dem Bus

Der zentrale Busbahnhof von London ist die Victoria Coach Station. Hier stoppen viele Überlandbusse, die über Nacht aus ganz Europa kommen. Anschluss in Richtung Innenstadt besteht mit der U-Bahn der Victoria-, Central- und Circle-Line und den städtischen Bussen.

Mit dem Auto

Wenn du mit dem Auto nach Großbritannien einreisen möchtest, musst du auf jeden Fall deinen gültigen Führerschein, Fahrzeugschein und die Internationale Grüne Versicherungskarte dabeihaben. London erreichst du am schnellsten mit der Fähre von Calais nach Dover oder durch den Eurotunnel zwischen Calais und Folkestone. Von hier aus geht es (Obacht: ab dann Linksverkehr!) weiter über die Autobahn M20 bis hin zur Ringautobahn M25, von der aus sternförmig verschiedene Straßen ins Zentrum Londons bzw. in die einzelnen Stadtteile führen. Im Vereinigten Königreich gelten Meilen pro Stunde (mph) bei der Geschwindigkeitsangabe: 1 mph = ca. 1,6 km/h. Die erlaubte Höchstgeschwindigkeit liegt in geschlossen Ortschaften bei 30 mph (48 km/h), auf Landstraßen bei 60 mph (97 km/h) sowie auf Autobahnen und Schnellstraßen bei 70 mph (113 km/h). In Großbritannien sind die Fahrbahnmarkierungen an den Straßenrändern innerhalb geschlossener Ortschaften bei Parkverbot (eine durchgezogene Linie) und Halteverbot (zwei durchgezogene Linien) gelb. Missachtest du dies, musst du mit einem hohen Bußgeld rechnen. Nicht selten bekommst du sogar eine Parkkralle an eines deiner Autoräder geheftet. Diese wieder loszuwerden, wird nochmal teurer. Übrigens: Die Promillegrenze liegt derzeit noch bei 0,8 – die Regierung überlegt aber, die Grenze entsprechend anderen EU-Staaten auf 0,5 Promille herabzusetzen.

ACHTUNG: Da die Londoner Innenstadt zur Mautzone deklariert wurde, kannst du hier nur einfahren, wenn du vorher eine entsprechende Berechtigung erworben hast, die momentan 5 Pfund/Tag kostet. Parken ist zudem teuer. Nähere Informationen hierzu findest unter www.cclondon.com

Nahverkehr

London hat ein ausgezeichnetes öffentliches Nahverkehrsnetz. Die Verkehrsbetriebe Transport for London (TfL) sind für den größten Teil der Verkehrsmittel der Stadt verantwortlich. Hierzu zählen die U-Bahn (Tube), Stadtbusse, die Docklands Light Railway (DLR) sowie die Straßenbahnen (TramLink) in den südlichen Gebieten und die S-Bahn (Overground), die primär durch die nördlichen Stadtteile verläuft. Die U-Bahnen verkehren zwischen 5 Uhr früh und 0:30 Uhr in den Kerngebieten im 2-Minuten-Takt und fahren insgesamt 270 verschiedene Stationen an. Sonntags beginnt der Betrieb erst gegen 7 Uhr und endet bereits vor Mitternacht. Busse fahren rund um die Uhr, nachts jedoch nur noch auf den wichtigen Linien, die mit einem »N« gekennzeichnet sind.

Es gibt zwei Arten von Bushaltestellen:
a) Rotes Transport-Zeichen auf weißem Grund. Hier halten die Busse automatisch.
b) Weißes Transport-Symbol auf rotem Hintergrund. Hier musst du den Bus per Handzeichen zum Halten auffordern.

Das Londoner Tarifnetz ist in 9 Zonen unterteilt, wobei die Zonen 1 bis 4 die Innenstadt und alle wichtigen Anlaufpunkte in diesem Buch abdecken.
Da die Einzelfahrten in London relativ teuer sind, lohnt es sich, direkt eine Day Travelcard zu kaufen. Sparfüchse aufgepasst: Ab 9:30 Uhr kann man die Off-Peak-Travelcard verwenden, die um einiges günstiger ist. Am Wochenende gilt dieser Fahrausweis uneingeschränkt. Außerdem gibt es die Oyster-Card, mit der Fahrten mit der Tube, dem Bus und der DLR billiger sind. Diese Karte ist mit 10, 20 oder 30 Pfund aufladbar und reduziert den Preis auf den günstigsten Tarif einer Einzelfahrt.

Mehr Informationen zu Tarifen, Netzplänen und Änderungen im Betriebsablauf findest du unter:
Transport for London
Info-Hotline: +44 (0)20 7222 1234 24
www.tfl.gov.uk

VORSICHT BEIM TAXIFAHREN!
Benutzt am besten die schwarzen, traditionellen Londoner Taxis. Oft stehen nachts vor den Pubs und Clubs sogenannte Minicabs, die ohne Lizenz fahren und dich gut und gerne austricksen und abzocken wollen. Um diese illegalen Touren zu unterbinden, hat der Bürgermeister von London in Zusammenarbeit mit der Polizei eine »Initiative für sicheres Reisen bei Nacht« ins Leben gerufen. Unter: www.minicabsbytext.com kannst du dich für einen SMS-Dienst anmelden, der dir mitteilt, wo du das nächste, legale Minicab findest, wenn du eins benötigst.

MEDIEN, MUSIK & WISSENSWERTES

MAGAZINE

Wenn du dich vor Ort über aktuelle Veranstaltungen, Theater, Konzerte, Kino, Musik, Nightlife und mehr informieren willst, dann besorge dir am besten eines dieser Hefte:

Time Out London

Dieses Stadtmagazin bekommst du wöchentlich für 2,95 Pfund (nicht nur für London, sondern auch für viele andere Welthauptstädte wie Moskau, New York, Sydney, Singapur usw.). Jede Woche hat Time Out neben den wichtigsten Veranstaltungstipps jeglicher Bereiche interessante Interviews und berichtet über die neuesten Shops und Restaurants der Stadt.

The Fly

Das handliche Magazin ist fast überall in Großbritannien in Szeneläden kostenlos zu bekommen. Im Fly findest du Reviews zu den neuesten Indie-Releases, Konzerttipps, Vorstellungen brandneuer Bands (»Ones to watch«) und Interviews. Das Heft betreibt neben Web-TV auch eine Clubkette namens Barfly in England und steht für wahre Indiekultur.

London Tourdates

Diese 14-täglich erscheinende kostenlose Zeitung beschäftigt sich mit anstehenden Konzerten in London. Zudem findest du darin viele Bandinterviews und Features. Schließlich gibt es noch einige Plattenkritiken sowie Reviews von Konzerten.

London Lite & The London Paper

Diese beiden »Käseblätter« bekommst du täglich ab den späteren Nachmittagsstunden an den Ausgängen von U-Bahn-Stationen kostenlos in die Hand gedrückt. Neben dem neuesten Gossip über Promis und was du eventuell am Abend zuvor, fast vor deiner Hotelzimmertür, verpasst hast, bieten dir die beiden Zeitungen auch tagesaktuelle Ausgehtipps sowie das tägliche Fernsehprogramm und das Wetter.

Zudem liegen in Szenegeschäften, Pubs, Clubs und Plattenläden weitere Musikmagazine aus. Als Indie-Liebhaber lohnt es sich, folgende Hefte mitzunehmen: *FACT, Loud & Quiet, Pix.* und *Stool Pigeon*.

RADIOSTATIONEN

Im Londoner Radiodschungel gilt es, sich zurechtzufinden. Hier ein paar Stationen, die wir dir ans Herz legen können:

BBC Radio 1

Radio1 ist der Popsender der BBC. War der Sender einst in den 90ern Kultradio der Britpop/Indie/Alternative-Szene, so wurde diese Sparte vermehrt ins Abendprogramm verdrängt, sodass du dich tagsüber auch mit Songs aus den Charts begnügen musst. Die legendäre Show von Steve Lamacq, in der er die neuesten Tracks vorstellt, läuft montagabends ab 21 Uhr.

▷ UKW 98,8; www.bbc.co.uk/radio1

XFM

Dieser Sender ist das Eldorado für Indiefans! Hier bekommst du rund um die Uhr neue Lieblingssongs und altbewährte Klassiker zu hören. Zudem gibts mindestens dreimal pro Woche Livekonzerte und immer wieder Infos zu Festivals, Konzerten und Secret-Gigs. Das besondere daran ist, dass du bei XFM nicht mit Werbespots zugemüllt wirst.

▷ UKW 104,9; www.xfm.co.uk

Absolute Radio

Das frühere Virgin Radio widmet sich anspruchsvoller Popmusik und den populären Indiesongs. Das besondere daran ist die Garantie vom Sender, dass Lieder den Tag über nicht zweimal gespielt werden und somit die musikalische Abwechslung gewährleistet ist. Sonntagabends präsentiert Kult-DJ Geoff Lloyd in seiner Show *Absolute Extreme* die heißesten neuen Acts und seine Lieblingsklassiker.

▷ UKW 105,8; www.absoluteradio.co.uk

NME Radio

Seit 2009 ist NME Radio ins digitale Londoner Radionetzwerk eingespeist. Der Sender vom weltberühmten *NME* befasst sich ausschließlich mit der Musik, die auch im Heft gefeatured wird. Schon am Vormittag bekommst du die aktuellsten Infos über Gigs und Clubnights in der Stadt sowie News aus der Musikszene.

▷ Digitalradio / Kabel; www.nme.com/radio

KONZERTTICKETS

Hier listen wir dir ein paar Anlaufstellen auf, wenn du dir vor Ort Tickets für anstehende Konzerte, Theater, Musicals und Veranstaltungen kaufen willst:

Max Tourism Group

11, Rupert Street – im Trocadero Centre nahe Piccadilly Circus
Öffnungszeiten: Mo.–Sa. 10–2 Uhr

tkts

Kiosk am Leicester Square
Öffnungszeiten: Mo.–Sa. 10–19 Uhr, Sonntag 12–15 Uhr

▷ www.tkts.co.uk

> Bei tkts bekommst du Karten für Veranstaltungen, die am selben Tag stattfinden, zum halben Preis.

Um Tickets für Rock-/Pop-Konzerte zu bekommen, ist das Internet mittlerweile die beste Adresse. Hier empfiehlt es sich, nach Eintrittskarten zu suchen:

Seetickets: www.seetickets.co.uk
Ticketmaster: www.ticketmaster.co.uk

Zusätzlich bekommst du Konzertkarten im Plattenladen Rough Trade East:

Rough Trade East

Old Truman Brewery, 91 Brick Lane
Telefon: +44 (0)20 7392 7790
Öffnungszeiten: Mo–Do. 8–21 Uhr, Fr. 8–20 Uhr, Sa. 10-20 Uhr, So. 11–19 Uhr
www.roughtrade.com

FEIERTAGE

1. Januar (New Year's Day), Karfreitag (Good Friday), Ostermontag (Easter Monday), 1. Montag im Mai (May Day Holiday), letzer Montag im May (Spring Bank Holiday), letzter Montag im August (Summer Bank Holiday) sowie 25. und 26. Dezember (Christmas Day & Boxing Day) sind Feiertage, an denen Ämter, Behörden, Büros & Banken geschlossen sind. Geschäfte sind an diesen Tagen (teilweise eingeschränkt) geöffnet.

ÖFFNUNGSZEITEN

Üblicherweise sind die Geschäfte in der Londoner Innenstadt Montag bis Samstag von 10–21 Uhr, am Sonntag von 12–18 Uhr geöffnet. Viele kleine Grocery Stores, die hauptsächlich Lebensmittel verkaufen, sind rund um die Uhr geöffnet. Banken sind in der Regel Montag bis Freitag von 9:30–15:30 Uhr geöffnet. Poststellen schließen zwei Stunden später. Eine Ausnahme bildet das Hauptpostamt am Trafalgar Square, welches Montag bis Freitag zwischen 8 und 20 Uhr und samstags zwischen 9 und 20 Uhr geöffnet ist.

TELEFON

Du kannst mit deinem Handy problemlos aus Großbritannien in die Heimat telefonieren. EU-seitig ist seit Längerem geregelt, dass die Roamingkosten der Mobilfunkanbieter einen bestimmten Betrag nicht überschreiten dürfen und untereinander gleich sind. Wenn du günstiger nach Hause telefonieren magst, dann kaufe dir im Zeitungsladen eine Telefonkarte im Wert zwischen 2 und 20 Pfund und benutze eines der wenigen noch übrig gebliebenen roten Telefonhäuschen (Kult!) oder eine der modernen Zellen.

Vorwahlen

Großbritannien:	00 44
Deutschland:	00 49
Österreich:	00 43
Schweiz:	00 41
allgemein für London:	020

WÄHRUNG

In Großbritannien hat der Euro noch keinen Einzug gehalten. Die Briten beharren weiterhin auf ihrem Pfund Sterling: 1 Pfund = 100 Pence.
Aktuelle Wechselkurse kannst du hier finden: www.oanda.com

Als Zahlungsmittel werden vielerorts neben Bargeld sowohl EC-/Maestro- als auch gängige Kreditkarten akzeptiert. Es empfiehlt sich, Geld nicht vor Reiseantritt zu wechseln, da es von den heimischen Banken oft erst angefordert werden muss und die Wechselkurse ungünstig sind. Vor Ort kannst du in London an allen Bankautomaten mit deiner EC-/Maestro- oder Kreditkarte Pfund zum tagesaktuellen Wechselkurs plus einer geringen Gebühr abheben. Das ist allemal günstiger, als in der Heimat Geld zu wechseln oder eine der vielen Wechselstuben aufzusuchen.

STROM

Großbritannien folgt mit 230V dem EU-Standard für Netzspannung. Allerdings benötigst du einen dreizinkigen Adapter, den du im Elektrofachgeschäft, im Kaufhaus oder besonders günstig auf einem der Londoner Straßenmärkte bekommst.

ZEITVERSCHIEBUNG

Im United Kingdom gelten die Greenwich Mean Time (GMT) und die British Summer Time (BST). Es ist stets eine Stunde früher als in der mitteleuropäischen Zeitzone.

HOTELTIPPS

In London ein akzeptables und bezahlbares Hotel zu finden, ist keine leichte Aufgabe. Zwar gibt es in der Stadt Unterkünfte wie Sand am Meer, die meisten sind jedoch leider oft überteuert, ungepflegt, überholt und eng. Damit du bei der Suche nach einem Quartier ein angemessenes Preis-Leistungs-Verhältnis geboten bekommst, haben wir eine kleine Auswahl an Häusern aus allen Preisklassen für dich ausfindig gemacht und getestet, die wir empfehlen können.

YHA St. Pancras ist eine Jugendherberge, die im Winter 2008/2009 renoviert wurde und nun modern und frisch daherkommt. Bei 184 Betten findest du hier Dorms mit 6 Betten (größte Einheit) ebenso wie Zwei-Bett-Zimmer mit angrenzendem Bad. Für den verwöhnten Backpacker gibt es auch Premiumzimmer mit eigenem Bad, TV und Wasserkocher. Durch ein elektronisches Schlüsselkartensystem bietet die Herberge mehr Sicherheit. Im Erdgeschoss befindet sich eine nette Cafébar, in der man bei einem Kaffee/Tee relaxen oder für wenig Geld im Internet surfen kann. Durch die gute U-Bahn-Anbindung fast vor der Haustür ist man schnell in der Innenstadt oder zu Fuß in 15 Minuten in Camden Town.

▷ 79–81 Euston Road (U-Bahn: King's Cross/St. Pancras); www.yha.org.uk; Preise: €

© M. Kolb/M. Schreiner

Die **Palmers Lodge** ist ein traditionelles englisches Backpackerhostel in einer alten, viktorianischen Villa. Die 34 Zimmer des Hauses bieten von 28-Bett-Dorms für den Sparfuchs bis hin zu Doppelzimmern mit eigenem Bad alles. Die Räume sind mit Schlüsselkartensystem zugänglich. Man setzt hier vor allem auf Ehrlichkeit gegenüber den Gästen und bietet neben kostenlosem Internetzugang, WLAN, 24-Stunden-Rezeption und Check-out bis 11 Uhr auch faire Preise, die Bettzeug, Frühstück mit Fair-Trade-Kaffee und Steuern beinhalten. An der hauseigenen Bar oder im Restaurant kannst du dir den ein oder anderen Drink/Schmaus gönnen. In der großen Fernsehlounge hast du die Möglichkeit, sowohl neue Kontakte zu knüpfen als auch die *BBC-Evening-News* zu verfolgen.

▷ 40 College Crescent (U-Bahn: Swiss Cottage oder Finchley Road); www.palmerslodge.co.uk; Preise: €

Das **Jesmond Dene Hotel** ist ein Budgethotel in der Nähe der King's Cross Station. Die Zimmer sind zwar recht klein und auch nicht alle mit eigenem Bad ausgestattet,

© M. Kolb / M. Schreiner

dafür legt das Bed & Breakfast wert auf ein gutes Preis-Leistungs-Verhältnis und Zweckmäßigkeit. Auch wenn es das familienfreundliche Hotel schon seit 20 Jahren gibt, wirken die Zimmer keinesfalls heruntergekommen und veraltet, da sie regelmäßig renoviert werden. Wenn du den Geschmack der Engländer teilst, dann kannst du dich hier morgens auf ein typisch englisches Frühstück freuen.
▷ 27 Argyle Street
(U-Bahn: King's Cross/ St. Pancras);
www.jesmonddenehotel.co.uk; Preise: €

Das **Ridgemount Hotel** ist ein Familienbetrieb, der Zimmer mit eigenem Bad sowie solche mit Etagendusche anbietet. Hier stimmt das Preis-Leistungs-Verhältnis: Die Räume sind zwar klein und etwas hellhörig, dafür aber sauber und zweckmäßig eingerichtet. Im Keller des Hauses befindet sich der Frühstücksraum, wo du morgens entweder englisches Breakfast oder Toast und Müsli bekommst. Im Aufenthaltsraum kannst du kostenlos den Computer nutzen oder mit deinem eigenen Laptop per WLAN ins Netz gehen.
▷ 65-67 Gower Street
(U-Bahn: Goodge Street);
www.ridgemounthotel.co.uk;
Preise: €-€€

NATHAN NICHOLSON (THE BOXER REBELLION) EMPFIEHLT:
Noel Gallagher hat den Oasis-Song ›Columbia‹ nach dem **Columbia Hotel** benannt. Es mag entweder ein schönes oder aber ein trashiges Hotel sein – genau wissen wir das auch nicht. Aber es ist auf jeden Fall günstig!
▷ 95-99 Lancaster Gate (U-Bahn: Lancaster Gate);
www.columbiahotel.co.uk; Preise: €€

Das **Harlingford Hotel** liegt ruhig in einer Seitenstraße gegenüber einem privaten Park, der auf Anfrage im Hotel genutzt werden kann. Dort kann man sogar Tennisplätze anmieten. Das etwas bessere Bed & Breakfast ist in einem mehrstöckigen Stadthaus ohne Aufzug untergebracht. Die Bäder sind zwar sehr klein, aber neu renoviert und modern ausgestattet. Die Zimmer sind – wie für Londoner Ver-

© M. Kolb / M. Schreiner

hältnisse üblich – ebenfalls in der Größe beschränkt. Da das Haus über 200 Jahre alt ist, darf nach englischem Gesetz keine Klimaanlage installiert werden. Im Erdgeschoss des Hauses befindet sich neben einer gemütlichen Lounge mit Sofas (gut zum Lesen oder Internetsurfen) der Frühstücksraum. Hier kannst du bis 9 Uhr frühstücken und dir von den freundlichen asiatischen Servicedamen ein traditionelles English Breakfast servieren lassen oder am Buffet bei Müsli, Toast/Croissants mit Marmelade und Joghurt zugreifen.

▷ 61-63 Cartwright Gardens (U-Bahn: Euston oder Russel Square); www.harlingfordhotel.com; Preise: **€€**

Zwar liegt das **Hotel 55** etwas außerhalb, jedoch bekommst du hier für dein Geld einiges geboten. Neben komfortabel ausgestatteten, neu eingerichteten Zimmern (gemütliches, großes Bett, Kühlschrank, Safe, Wasserkocher, Multimedia-System inklusive Internetzugang, neues hochwertiges Bad, Klimaanlage) bietet das ruhig gelegene Hotel ein tolles, umfangreiches Frühstücksbuffet, das im Erdgeschoss kredenzt wird. Hier kannst du bei schönem Wetter sogar die Terrasse im wundervollen Garten des Hauses nutzen. Abends wird der Frühstücksbereich zu einem japanischen Restaurant. Der Service im Hotel ist ausgesprochen freundlich und zuvorkommend. Das Hotel liegt zwischen dem Flughafen Heathrow und der Londoner Innenstadt und ist aus beiden Richtungen gut erreichbar, da die U-Bahn-Station North Ealing direkt an die Piccadilly Line angeschlossen und nur drei Gehminuten vom Hotel entfernt ist.

▷ 55 Hanger Lane (U-Bahn: North Ealing); www.hotel55-london.com; Preise: **€€**

© Hotel 55

© Hotel 55

ALAN DONOHOE (THE RAKES) EMPFIEHLT:

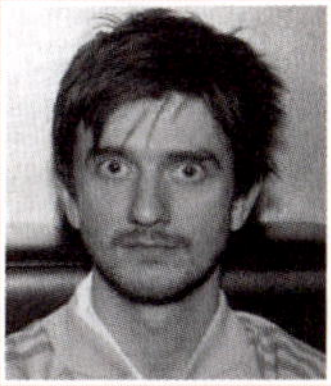

Das **K-West** ist das einzige Hotel in London, in dem ich jemals übernachtet habe. Normalerweise schlafe ich in meinem eigenen Bett, wenn ich in der Stadt bin. Wenn wir Konzerte in London spielen oder Pressetermine haben, dann bucht uns unsere Plattenfirma aber immer im K-West ein. Viele Leute aus dem Musikbusiness übernachten hier. Jedes Mal,

© M. Kolb/M. Schreiner

wenn du dort bist, denkst du so etwas wie: »Hab ich da nicht eben den Gitarristen von Kasabian an der Bar rumhängen sehen?« Viele Musiker aus den unterschiedlichsten Bands lungern dort gerne herum. Wir haben vor einiger Zeit mal auf der Fashion-Party von Jade Jagger in der Nähe des Hotels aufgelegt. Als wir zum Hotel zurückkamen, war Lily Allen auch im K-West eingecheckt und feierte eine Party auf ihrem Zimmer. Einige Leute tranken sich dort die Hucke voll oder machten verschiedene andere Dinge. Nur zum Spaß zog ihr Schlagzeuger Lasse seine Klamotten aus und schmiss diese aus dem Fenster. Dann ging jemand runter, um zumindest seine Hose wiederzuholen. In der darauffolgenden Woche schnappte die nationale Presse die Geschichte auf und schrieb, dass zwischen Lily Allen und Lasse etwas gelaufen sei – aber das war absoluter, unwahrer Tratsch! Da waren bestimmt noch 20 andere Leute in ihrem Hotelzimmer. So etwas passiert eben, wenn man zu viel trinkt und nackt durch die Gegend rennt.

NATHAN NICHOLSON UND PIERS HEWITT, (THE BOXER REBELLION) EMPFEHLEN:
Wir haben mal im **K-West** zu Abend gegessen – das war wirklich sehr nett. Viele Bands übernachten dort, wenn sie in London sind. Aber das Hotel ist mindestens dreimal so teuer wie die Travel Lodge, in der wir normalerweise schlafen. Das Hotel ist in der gehobenen Preisklasse und hat sogar einen eigenen Wellnessbereich.

© M. Kolb / M. Schreiner

RICHARD FRENNEAUX UND JAMES GRIFFITHS (RED LIGHT COMPANY) EMPFEHLEN:
Im **K-West** übernachten oft Musiker, die in der Stadt ein Konzert geben. Die Hotelbar ist ziemlich gut und für jedermann einfach zugänglich. Wenn du willst, kannst du dort theoretisch sieben Tage die Woche abhängen. Das Hotel ist der perfekte Ort zum Übernachten, wenn du ein Konzert im Shepherd's Bush Empire besuchen willst, denn das liegt ganz in der Nähe. Wenn du nach dem Konzert auch noch die Band treffen magst, dann geh zur K-West-Bar, warte eine Weile und kipp dir ein paar Drinks hinter die Binde. Die sind zwar recht teuer, aber den Spaß allemal wert. Du kannst dort die ganze Nacht verbringen, denn es gehen viele verrückte Dinge vor sich. Oft feiern Bands dort ihre privaten After-Show-Partys. Einmal habe ich miterlebt, wie sich Stuart Cable, der Ex-Schlagzeuger der Stereophonics, auf dem Boden der Bar herumwälzte und Raufereien mit anderen Gästen anfing. Das war wirklich peinlich. Er sollte sich dafür schämen!

UND DAS SAGEN WIR DAZU:
Das **K-West** liegt im Stadtteil Shepherd's Bush in der Nähe des Shoppingcenters Westfield und unweit der BBC-Studios.

Das mag mit ein Grund sein, warum hier gerne Rockstars absteigen. Extrem lange, bunt beleuchtete Flure leiten in die Zimmer. Diese sind modern sowie geräumig ausgestattet und punkten mit Gimmicks wie Kühlschrank, Schreibtisch, Klimaanlage, Telefon auf dem Klo und Anti-Allergie-Kissen. Leider zahlt man für Extras wie Internet auf dem Zimmer, eine Flasche Fiji-Wasser oder Frühstück unrealistisch hohe Beträge. Du kannst jedoch im Eingangsbereich kostenlose Internetterminals nutzen, um deine E-Mails zu checken oder etwas auszudrucken. Hinter dem Hotel verläuft eine Bahnstrecke, die aber glücklicherweise nicht allzu laut durchs Fenster schallt, sodass dein geruhsamer Schlaf ungefährdet bleibt. Wenn du nach einem anstrengenden Shoppingtag Entspannung suchst, kannst du dich im hoteleigenen Spa-Bereich mit verschiedenen Treatments verwöhnen lassen.

▷ Kensington House, Richmond Way (U-Bahn: Shepherd's Bush); www.k-west.co.uk; Preise: **€€-€€€**

Wenn du auf hochwertige Einrichtung (Designermöbel! Espressomaschine! Massage-Dusche/Badewanne! Verglastes Bad!) stehst und dazu noch ein geräumiges und zentral gelegenes Hotel suchst, dann bist du im **Megaro** genau richtig. Zwar ist ein Frühstück im recht hohen Preis nicht inbegriffen, dafür hast du aber die U-Bahn-Station direkt vor der Tür und einige Restaurants und kleine Läden in der Umgebung. Musikfreunde sind hier besonders gut aufgehoben, denn das kostenlose Multimediasystem auf dem Zimmer bietet eine Auswahl von über 500 Alben unterschiedlichster Musikrichtungen, wobei der Indie-Liebhaber keinesfalls zu kurz kommt. Das System beinhaltet zudem einen kostenlosen Zugang ins Internet via Funktastatur. Das Megaro hat ein eigenes Restaurant im Erdgeschoss mit mediterraner, gehobener Küche, in dem man aber gegen Aufpreis auch frühstücken kann.

▷ 23-27 Euston Road (U-Bahn King's Cross/St. Pancras); www.hotelmegaro.co.uk; Preise: **€€€**

Alle Fotos: © M. Kolb / M. Schreiner

HATCHAM SOCIAL EMPEHLEN:
Im **The Hoxton** arbeiten Freunde von uns, deshalb können wir es wärmstens empfehlen. Das Restaurant im Hox hat zudem ein vorzügliches Steak auf der Speisekarte!

UND DAS SAGEN WIR DAZU:
The Hoxton ist ein stylisches Designerhotel, das vom Macher der Pret-A-Manger-Kette im Jahr 2006 ins Leben gerufen wurde. Er hatte die Vision, den Aufenthalt im Hotel so unkompliziert wie möglich zu gestalten, was sich am freundlich-flotten Check-in, den ironischen Hinweisschildchen im Hotel und auf den Zimmern sowie in der coolen Einrichtung widerspiegelt. Die Zimmer sind sehr geräumig, liebevoll individuell designt und mit Kühlschrank (inklusive kostenlosen Wassers und Frischmilch), Wasserkocher, großem LCD-TV, kostenlosem Internet, Klimaanlage und sehr komfortablem Bad mit Regendusche ausgestattet. Frühstück von Pret-A-Manger gibt es bis 9 Uhr direkt aufs Zimmer bzw. in einer Papiertüte an die Türklinke. Im Bad findet man eine hochwertige Seife, die mitgenommen werden will und es lohnt sich auch, den The Hox Guide (ein kleiner Taschenguide mit Tipps für die Umgebung rund ums Hotel) einzustecken. Je früher du buchst, desto größer ist deine Chance, ein günstiges Zimmer zu bekommen.

▷ 81 Great Eastern Street
(U-Bahn: Old Street);
www.hoxtonhotels.com;
Preise: **€-€€€**

Unglaublich, aber wahr: Mehrere Male im Jahr findet bei The Hoxton der 1-£-Room-Sale statt. Trag dich einfach in den Newsletter des Hotels ein, um zu erfahren, wann du dieses Superschnäppchen machen kannst.

Palmers Lodge
Regent's Park
Regents Park
Islington
Bamsbury
Megaro
Grays Inn
YHA St. Pancras
Clerkenwell
Jesmond Dene Hotel
Finsbury
Harlingford Hotel
The Hoxton
North Marylebone
Bloomsbury
Maida Hill
Notting Hill
Ridgemount Hotel
Moorgate
Richtung: Hotel 55
Marylebone
West End
Fleet Street
Holland Park
Columbia Hotel
Hyde Park
Hyde Park
Strand
South Bank
Metropolitan
Mayfair
St. James Park
City of Westminster
Waterloo
Southwark
Kensington
K-West

© M. Kolb / M. Schreiner

RICHARD FRENNEAUX UND JAMES GRIFFITHS (RED LIGHT COMPANY) EMPFEHLEN:

Richard: Im **Metropolitan** habe ich bereits ein paarmal übernachtet. Das Hotel ist super und ich habe sogar während ich schon meine Wohnung in London hatte, dort geschlafen. Eine Übernachtung hier ist jedoch ziemlich teuer, da das Hotel sehr nobel und gepflegt ist. Viele renommierte Bands und Musiker übernachten dort, wenn sie in London sind. Vor ein paar Jahren habe ich ein Hotelzimmer am Silvesterabend gemietet, denn die Aussicht auf die Themse aus einigen der Zimmer ist atemberaubend. Wenn du also einmal den Jahreswechsel in London verbringen möchtest und das nötige Kleingeld hast, dann ist das Metropolitan genau die richtige Adresse für dich! Im Untergeschoss des Hauses gibt es die Met Bar, die häufig von Bands besucht wird. Die Bar ist sehr klein und intim. Du musst aber ein Zimmer im Hotel haben oder jemanden kennen, der Gast ist, um Zutritt zur Bar zu erlangen. Es gibt zudem ein Nobu-Restaurant im Haus, von dem du dir die edlen Speisen direkt aufs Zimmer kommen lassen kannst.

James: Ich habe im Metropolitan geschlafen, nachdem wir auf dem Reading Festival spielten. Dave Grohl und Josh Homme waren auch dort untergebracht, ebenso wie Fergie von den Black Eyed Peas. Es war wirklich verrückt mit all den Promis um mich herum. Ich bin bis 8 Uhr morgens an der Bar versackt. Dann bin ich auf mein Zimmer gegangen und habe mich aufs Ohr gehauen. Leider habe ich nur zwei Stunden Schlaf bekommen, da um 10 Uhr der Feueralarm losging und mich aus meinen Träumen riss. Alle Gäste mussten das Haus verlassen und sich an der Ecke vor dem Four-Seasons-Hotel versammeln. Dort sah ich dann Pat Smear und Dave Grohl rauchend an einer Wand stehen. Sie trugen beide nur ihre Schlafmontur. Mir war die Situation etwas unangenehm. Zudem war ich nicht sicher, was ich in der Nacht zuvor gemacht habe, da ich doch ganz schön einen im Tee hatte.

▷ Old Park Lane;
www.metropolitan.london.como.bz
Preise: **€€€**

Preisklassen:

€ = Schnäppchen für den Sparfuchs (0 – 40 Euro pro Person)

€€ = Mittelklasse mit Niveau (40 – 80 Euro pro Person)

€€€ = für den anspruchsvollen Indie-Traveller (80 – 120 Euro pro Person)

© The Metropolitan London

INDEX

Und schließlich möchten wir noch diesen Personen danken:
Ganz besonders natürlich allen Musikern, die Teil des »Indie Travel Guide City London« sind! Außerdem Oliver Bergmann, Katharina Beyer, Sumit Bothra, Marten Brandt, Mitja Bruch, Ralph Buchbender, Heide Buhmann, Sebastian Buss, Jascha Farhangi, Adam Ficek, Constanze Gölz, Hanspeter Haeseler, Kate Haynes, Thomas Hessberger, Max Knaut, Florian Lamp, Meetz, Ute Miehling, Anne Müller, Eric Rauch, Nicole Schmidt, Thomas Schreiber, Oliver Srocke, Sven Städtler, Florian Striedl, Stephan Uersfeld, Desi Vach, Stephan Velten, Stefan Weikert, Sabrina Winter und natürlich unseren Familien sowie allen anderen, die zur Verwirklichung dieses Buches beigetragen haben!